サステナブルファイナンス攻防

理念の追求と市場の覇権

藤井 良広 著
Yoshihiro Fujii

CHALLENGES AND BATTLES FOR SUSTAINABLE FINANCE

一般社団法人金融財政事情研究会

みつばの泉ちゃん

小野寺史宜
Onodera Fuminori

ポプラ社

みつばの泉ちゃん

装画　ながしまひろみ
装丁　岡本歌織（next door design）

一九九五年　明石弓乃　二十二歳

わたしの名字が明石《あかし》だからアカシヤだ。

スーパーではなく、コンビニ。出入口上部の店舗看板には、アルファベットでConvenience、そのあとにカタカナでアカシヤと書かれている。

看板は白地。アルファベットは黒文字で、カタカナは黄文字。黄色は少し薄くなっているので、肝心の店名が読みづらい。

コンビニといっても、個人経営。制服はない。オリジナルのエプロンがあるだけ。それを着けていれば店員とわかる。

薄めの色だと汚れが目立つので、エプロンは紺色。胸に、アカシヤ、の文字が入っている。それも黄色。ただし、プリントなので、看板の文字同様、薄れている。

新調したのは何年も前。だから地の紺色もかなり白っぽくなってきている。こういうのヴィンテージって言うんだろ？　と店長を務める父友邦《ともくに》は言っている。お古って言うのよ、と母清恵《きよえ》は言っている。何にせよダサい、とわたしは思っている。

アカシヤにレジは一つしかない。だがそれで充分。決して大きな店ではないから、会計待ちの列ができることはない。まず、お客さんが店内に五人同時にいることがない。三人でも、ないかもしれない。そんなものなのだ。田舎町の住宅地にあるコンビニなんて。

わたしはそのレジにいる。カウンターの内側にある丸イスに座っている。

こういう時間は長いのだからこのイスをもうちょっと座りやすいものにしてもいいよな、から始め。卒業研究のタイトルをどうしようかな、と考えたり、おやつ食べたいな、と考えたりしている。その二つが合わさり、人の小腹空きがもたらす経済効果についての考察、なんてタイトルはどうかな、と考えたり、コバラスキ、という言葉は何かいいな、と考えたりもしている。要するに、暇なのだ。

午後四時すぎ。やっと店のドアが開く。自動ではない。手動。押しても引いてもいけるタイプだ。そうなると、人は引かない。たいていは押し開ける。

入ってくるのは女子。見慣れた顔だ。

「泉《いずみ》ちゃん。いらっしゃい」と声をかける。

すぐ近くに住んでいるから名前まで知っている。お客さんというよりはご近所さんだ。片岡《かたおか》泉ちゃん。小学三年生。わたしが卒業した小学校に通っている。わたしが今大学四年生だから、十三年後輩ということになる。そう考えると、わたしも歳をとった。まだ二十二歳なのに。

泉ちゃんははきはきした声で言ってくれる。

「こんにちは」

「学校は終わった？」

「終わった。帰ってきてちょっと休んで、来た」

小学校からこの辺りまでは歩いて十五分。いや、小学生の足ならもう少しかかる。歩いて十五分強は長い。それでもまだ恵まれているほうかもしれない。本物の田舎町だと、片道三十分歩かされることもあるだろうから。

途中でJR五日市《いつかいち》線と交差する。線路は橋の下を通っているので、あぶなくはない。踏切を渡って行く道もあるが、たぶん、泉ちゃんは橋のほうを行く。わたしも小学生のときはそうしていた。

泉ちゃんは店内を歩き、いつものようにパンの棚を見る。が、やがてレジのところへ来てわたしに言う。

「弓乃《ゆみの》ちゃん。モサッとしたパン、ある?」

「モサッとしたパン?」

「そう」

「硬いパンてこと?」

「硬くはない。やわらかい。でも何かモサッとしてるの」

「白いの?　普通の食パンみたいに」

「白い。でもちょっと黄色い」

「耳は付いてるの?　パンの耳」

「付いてる。でも硬くなくて、そのまま食べられる」

「焼かなくてもってこと?」

「そう」

だったら、デニッシュのパンみたいなものかもしれない。

「食パンより甘かったりする？　クリームが入ってたりするわけではなくて。パンの生地そのものが」

「あぁ。ちょっと甘いかも」

「食パンみたいに真四角じゃなくて、細長いんじゃない？」

「うん。細長い。横長」

やはりそうだ。バターが練りこまれていて、クロワッサンのような感じもあるあれ。

「ある？」とさらに訊《き》かれ、

「ごめんね。ウチはああいうの置いてないの」と答える。

小さな店だから、そこまでは手がまわらないのだ。置いているのは、普通の食パンが二種類。少し安めなのと少し高めなの。その四枚切りと六枚切り。高めのほうは八枚切りもある。それだけでも五種類。ウチとしては限界だ。

ほかに置いているのはバターロールやフランスパン。前者は普通のとレーズン入りの二種類。後者は一種類。あとは、各種惣菜パンや菓子パン。それだけでパンの棚はいっぱいになる。

「ああいうパン、おいしいよね。焼かなくていいから便利だし。泉ちゃんはあれが好きなの？」

「好き。給食でもたまに出る」

「へぇ。今はそうなんだ」

「パンは毎日あれでもいい」

確かに、児童は好きかもしれない。あれならおかずなしでも食べられる。マーガリンもジャムもいらない。

「このお店に入ったりは、しない？」

「うーん。ちょっと無理かなぁ。ウチはこれで手いっぱいなの。パン屋さんではないし」

「そっか」

「ごめんね」

「ううん」と泉ちゃんは首を横に振る。ポニーテールが揺れる。「おばあちゃんは普通のが好きだから、いい。これもおいしいけどおばあちゃんはいつものアカシヤのやつがいいねぇって言ってる」

確かに、中高年の人は、普通の食パンのほうが好きかもしれない。毎朝デニッシュのあれとなると、少し重いだろう。

おばあちゃんこと柴原富《しばはらとみ》さん。そもそも富さんは、今年の三月まで食パン自体を買わなかった。朝食は白いご飯だったのだ。買うようになったのは、泉ちゃんがこちらへ来てから。合わせたのだと思う。おかげでその食パン分、ウチの売上は増えた。お客さん自体も増えた。こんなふうに、泉ちゃんが定期的に食パンを買いに来てくれるようになったのだ。

この辺りにはスーパーもあるが、駅の向こうなので少し遠い。歩きだと二十分、自転車でも十分弱かかる。富さんはいつも自転車で行っている。だからそこで食パンも買えるのだが。何ならそこのほうがウチより安いはずなのだが。それだけはいつも泉ちゃんが買いに来てくれる。泉ちゃんは柴原家の食パン係なのだ。

近所の人たちと顔見知りになってほしい。あいさつぐらいはするようになってほしい。そんな気持ちが富さんにあるのかもしれない。

店に来ると、泉ちゃんは、食パンのほかにあと二つ三つ、その時々に必要なものを買ってくれる。お菓子とかふりかけとか電池とか。ペットボトルの水とか。

二リットルのペットボトルともなればかなり重いが、だいじょうぶ。ここから柴原家は本当に近いのだ。歩いて一分かからない。五十メートルぐらい。あいだは空地で、家はない。だからお隣と言ってもいい。

泉ちゃんはそこで富さんと二人で暮らしている。今年の四月からそうなった。

富さんは柴原さんだが、泉ちゃんは片岡さん。富さんの長女で昔ここに住んでいた津弥子《つやこ》さんの娘が泉ちゃんなのだ。わたしは見たことがない泉ちゃんのお父さんが片岡さん。

津弥子さんには善英《よしひで》さんという弟がいる。その善英さんは今、神奈川県に住んでいる。たまには奥さんと子どもを連れて帰ってくる。その子が泉ちゃんのいとこということになる。

わたしが知っているのはそれだけ。泉ちゃんが何故今は富さんと二人で住んでいるのか。そこまでは知らない。


わたし自身は明石家の長女。兄弟はいない。一人っ子だ。

今はアルバイト店員としてここにいる。実家の手伝いということでもあるのだが、一応、お金はもらっている。

時給七百円。安い。だがちゃんとそう決まっているから、つかい道の目処《めど》は立てやすい。そのお金は、来年三月の引っ越し代にするつもりだ。

世は就職難。この何年かであっという間にそうなった。わたしが高校生のころは売り手市場だと言っていたのに、大学三年生になるときには一変していた。バブルがはじけたのだ。ツイてないとしか言いようがない。

今年はきついかもしれないよ。心してかからなきゃダメだよ。と散々脅されながら、就職活動に臨んだ。

実際どうだったかと言えば。よくわからないというのが本音だ。

まあ、厳しかったことは厳しかったのだと思う。複数の大手の会社から内定をもらうような学生は周りにいなかったから。

だがわたし自身、六月には大手の製粉会社からどうにか内定をもらえた。

製粉会社というのは、まさに粉を製造する会社だ。主に小麦粉。パスタやそれ絡みの冷凍食品もつくっている。

広く食品会社をまわるなかで、その会社へと行き着いた。社員の人たちもすごく感じがよかったので、そこに決めた。内定をもらってからもよそをまわったりはしなかった。ここなら充分。そう思えた。

勤務地がどこになるかはまだわからない。総合職なので、全国どこにでも行かされる可能性がある。そうなったらお金も必要になる。引っ越し代は会社が出してくれるはずだが、ほかにもいろいろかかるだろう。

頼めば父と母が出してくれる。それはわかっている。だがそこは自分でどうにかしたい。店は店できついのだ。父と母に余計な負担をかけたくない。

ここは東京都の西部。あきる野市。今年の九月一日に秋川《あきがわ》市と五日市町が合併してそうなった。今は十月半ばだから、まだなったばかりだ。

ウチの最寄駅は、東秋留《ひがしあきる》。旧秋川市側なのでまだ都心に近いが、そうは言っても遠い。

JRで東京二十三区の端、杉並区に行くまでには、福生《ふっさ》市と昭島《あきしま》市と立川《たちかわ》市と国立《くにたち》市と国分《こくぶん》寺《じ》市と小金井《こがねい》市と武蔵野《むさしの》市と三鷹《みたか》市ともう一度武蔵野市を通らなければならない。国立市と国分寺市のあいだで、一瞬、府中《ふちゅう》市も通る。それでやっと杉並区の西荻窪《にしおぎくぼ》に着けるのだ。

大学は武蔵野市にあるので、ここからでも通えた。というか、通える大学を選んで受けた。落ちたら大変なので、真剣に勉強した。受かってよかった。わたし自身より父と母のほうがほっとしたはずだ。

配属が千代田区の本社になれば、通える。だが一時間半はかかる。乗り換えは三回。毎日それはつらい。だったら初めから職場の近くに住みたい。

大卒一年めの手取りは十五、六万円らしいからきついことはきついが、がんばるつもりでいる。せいぜい片道一時間で通えるところにはしたい。それこそ杉並区か中野区か。今からもう、賃貸住宅の情報誌を見たりしている。

大手のコンビニとちがい、ウチは二十四時間営業ではない。その半分。朝八時から夜八時まで。わたしが小学生のころは夜十時までやっていたこともあるが、割が悪いのでやめた。田舎町の住宅地でその時間に店を開けていてもお客さんは来ないのだ。

と言いつつ、まったく来ないこともなく、開けていれば重宝はされる。だから、そう、利益よりも自分たちの負担を減らすほうを選んだ感じだ。

就職活動で中断はしたが、その前、まだ三年生のときにもわたしはここでアルバイトをしていた。ちょうどそのころ、長くパートをしてくれていた古橋恒代《ふるはしつねよ》さんがやめることになったからだ。

恒代さんはそのときでもう六十三歳。十年以上やってくれていた。やめることになったのも、ウチで働くのがいやになったからではない。調布《ちょうふ》市に住む息子さん夫婦と同居することになったからだ。お孫さんが生まれたのでそうすることにしたらしい。

要するに世話をまかされちゃうんだけどね、と恒代さんは言っていたが、顔はうれしそうだった。初孫なのだから無理もない。富さんにとっての泉ちゃんみたいなものだ。

世話をするから孫と同居すると言っている人に、調布からここまでパートのために通ってくださいよ、とは言えない。そこでわたしに白羽の矢が立ったのだ。

弓乃、やってよ、と母が言った。吉祥寺の雑貨屋で働くなら実家のコンビニで働きなさいよ。わたしはその前に勤めた和食屋さんをやめたところだった。次は吉祥寺のおしゃれな雑貨屋さんでバイトするよ、と言ってもいた。それを受けての母の言葉だ。

弓乃、やってくれないか？　とそのときは珍しく父までもが言った。雑誌に求人広告を載せるのもお金がかかるんだよ。載せたところで応募があるとも限らないしな。

それで、あ、困ってるんだな、と思った。

そのころからもう店の終わりは見えていた。だから人を雇いづらかったのだろう。せっかく雇っても、こちらの都合でやめてもらわなければいけなくなる可能性もあるから。その意味では、恒代さんもいいタイミングでやめてくれたのかもしれない。

そんなわけで、わたしはすんなり応じ、アルバイトをすることにした。おしゃれな雑貨屋さんはあきらめて。

そして一年が過ぎた今、店は、はっきりと閉めることが決まっている。今年限り。年末の手前まででおしまい。

だから今さら新しい商品を入れたりはしないのだ。デニッシュのパンも入れられない。店をよくするための試み、のようなことはもうする必要がない。

年明けから、父は小さな運送会社で働くことになっている。店を整理する都合があるので、来年から。社長さんと知り合いだからそうしてもらえたらしい。

それは本当によかった。何よりもまず、この就職難のなか、四十八歳の父が雇ってもらえることがよかった。

扱うのは一般貨物。父は二トントラックや四トントラックを運転する。安全運転してね、それだけは気をつけてね、と母は今から言っている。

父はタクシー会社とどちらにするか迷い、そちらにしたらしい。タクシー会社のほうがお給料はいいようだが、母が運送会社をすすめた。四十八歳で夜勤もある仕事を始めるのはきついだろうと思ったのだ。それはわたしも賛成。四十八歳で夜勤はきつい。その歳で新たな仕事を始めることがもうきつい。五年前に亡くなった忠克《ただかつ》おじいちゃんが始めた店を閉めたうえでのそれなのだから。

店名をアカシヤにしたのは父の代になってからだ。さすがに明石商店はもう古いだろうと、おじいちゃんの許可をとったうえで変えた。明石は残したいというおじいちゃんの意を汲んで、アカシヤ。カタカナにしたのは父自身の意向だ。これからはカタカナだろ、と言っていた。

中学生のころ、わたしは一人っ子の自分が店を継ぐのだと思っていた。いやだな、でも当たり前にそうなるのだろうな、とも思っていた。

ならなかった。

今は、よかったな、と思いつつ、でもやっぱり店がなくなるのは何かな、とも思っている。

わたしが生まれたときから、家は店だったのだ。それがまさに当たり前だった。

学校から帰ってきたら店にいる父や母にただいまを言い、それから奥の家に入った。

店にある商品のどれかがおやつになった。母が選んで出してくれた。賞味期限が近いものから選んでいたのだろうが、店の商品がそのまま出てくるのは贅沢だと、わたしも子どもながら思っていた。そこは友人にうらやましがられた。店のお菓子が食べ放題だなんていいなぁ、と。あくまでも仕入れ値で買えるというだけで、別に食べ放題ではないのだが。

初めて店番をしたのは中学生のときだ。確か二年生のとき。そのころはまだ、母がスーパーに買物に出る一時間とかそのくらい。

母も、普段の買物はスーパーでしていたのだ。ウチには置いていないものもあるから。だとしてもお店の人がよそのお店で買物しちゃダメでしょ、とわたしは思っていたが、その分の時給はもらえたのでうれしかった。

そう。中学生でも、店番をすればお金はもらっていた。そのあたりは父も母もきちんとしていたのだ。店番をした時間に見合うお金をくれた。家族だからと、そしてまだ中学生だからと、お駄賃の感じでごまかしたりはしなかった。商売ってそういうことだからな、と父は言い、働くこともお勉強だからね、と母は言った。でもそれでお金もらってるなんて学校の先生に言っちゃダメよ、とも母は言っていたが。

もちろん、わたしは先生に言わなかった。が、友人には言った。そこでもまたうらやましがられた。いいなぁ、わたしもバイトさせて、と言われた。アカシヤなんかでバイトしねえよ、と言ってきた男子には、ウチもあんたなんか雇わないわよ、と言い返した。自分が店主になったようで気分がよかった。

だが高校生になり、夏休みなどに丸一日店番をさせられたときはきつかった。

一日が長いことを痛感した。午後三時半に終わってくれる学校の一日が一日でも何でもないことに気づいた。大人は毎日これをやっているのか、と感心した。しかも、長い夏休みも冬休みもない。わたしたちは短いと思ってしまう春休みさえないのだ。

ただ。いらっしゃいませ、や、ありがとうございました、をお客さんに言うのは案外気分がいいものだと知った。中学生のころはまだ父や母のまねをして言っている感じだったが、高校生のときは自分の言葉として言えるようになった。

お客さんが店に足を運んでくれる。商品を買ってくれる。それがわたしたちの利益になる。それでわたしたちは暮らしていける。そういうことが、少しは実感できた。そうなれば、自然と感謝の気持ちも湧く。ありがとうございました、が素直に口から出る。

もちろん、何度もくり返していれば、いらっしゃいませ、も、ありがとうございました、も事務的な感じにはなる。だがそれでもちゃんと気持ちは込められるのだ。

気持ちを込めて言い流せる言葉なんて、まさにそれらくらいだろう。


と、そんなようなことをぼんやり思い返していたら。

またドアが開き、店に誰かが入ってくる。

「いらっしゃいませ」とまさに事務的に言ったら。

「わたしよ」と返ってくる。

母だ。スーパーでの買物から戻った母。

「あぁ、何だ。おかえり」

母は店内を見て、言う。

「泉ちゃん、いらっしゃい」

「こんにちは」

「こんにちは。買物に来てくれたの？」

「うん」

「ありがとう。おばあちゃん、元気？」

「元気。今はあっちに買物に行ってる。おばあちゃんはあっちでわたしはこっち」

「あら、そうなの。じゃ、おばさんとは入れちがいかな」

それをあっさり明かしてしまうのが泉ちゃんだ。

富さんはあまり明かされたくなかっただろう。母とわたしに隠れてこっそり他店に買物に行ったようになってしまうから。まあ、母自身も行っているわけだが。

「今日は泉ちゃんは一緒じゃないの？」

「じゃない。今日はパンの日だから、わたしはこっち」

「そうか。ありがとうね」

泉ちゃんの手前、わたしも母に言ってみる。

「お母さん。デニッシュのパンてあるじゃない」

「ん？」

「デニッシュ生地のパン。横長の」

「あぁ。ちょっと味が付いてるみたいなの？」

「うん。あれ、ウチには入らないよね？」

「どうして？」

「泉ちゃんが好きなんだって」

「あ、そうなの」そして母は言う。「うーん、ちょっと難しいかなぁ」

「だよね」とわたし。

「だいじょうぶ。おばあちゃんは普通のが好きだから」とここでも泉ちゃんが言ってくれる。

「ごめんね」と母。

「ううん」と泉ちゃんはやはり首を横に振る。やはりポニーテールが揺れる。

「じゃ、泉ちゃん、アイス食べる？」

「ん?」

「アイスクリーム」

「食べたいけど。お金ない。お釣りはおばあちゃんに返さなきゃいけないし」

「お金はいいの。パンは入れてあげられないから、そのお詫び。あと、いつも買ってくれるから、そのお礼」

「お詫びとお礼を一緒にしちゃダメでしょ」とわたし。

「いいじゃない。一石二鳥」

「その一石二鳥は、何か下品」

「固いこと言わない。とにかくね、おばさんのおごり。泉ちゃん、好きなアイス選んで」

「いいの?」

「いいよ」

「やった!」と泉ちゃんはアイスのケースに向かう。

そしてガラス越しになかを覗《のぞ》き、アイス選びにかかる。

子どもにしてみればこれはうれしい。店の子であるわたしでも、小学生のころはそうだった。家の冷蔵庫の冷凍室に入っているアイスを取りだすのとはちがうのだ。もう、気持ちの沸き方がちがう。

ひととおり見た泉ちゃんは、やがて言いにくそうに言う。

「雪見だいふくでも、いい?」

棒付きアイスよりちょっと高いけど、いい? ということだろう。

「いいよ。おいしいもんね、雪見だいふく。おばさんも好き」次いで母は言う。「弓乃ももういいから、泉ちゃんと散歩に行っといで。あとはお母さんが見とく」

「いいの？」

「うん」

わたしは言う。

「泉ちゃん、行く？　散歩」

「行く」

「よし」とレジカウンターから出てケースのところへ行き、アイスを選ぶ。「泉ちゃんが雪見だいふくなら、わたしはピノにしようかな。分け合って食べようよ」

「うん。わたし、ピノも好き」

「弓乃はお給料から天引きね」と母が言う。

「え？　何でよ」

「アルバイトなんだから当然でしょ。それが働くってこと」

「せめて従業員割引はしてよ」

「家族なんだから売上に貢献しなさいよ」

「そこでいきなり家族扱いはずるい」

それには応えず、母はお菓子の棚を見て言う。

「泉ちゃん、とんがりコーンは好き？」

「好き。指の先にはめて食べる」

「あ、それ、やった」とわたし。「今の子もやるんだ?」

「やるよ」と泉ちゃん。「食べるときは絶対やる」

「わかる。やらないと食べた気にならないよね」

「ならない」

「じゃ、アイスと一緒にどうぞ」と母。「それも弓乃から天引き」

「いや、だから何でよ」

「いいから。ほら、行きな。泉ちゃん、お買物は帰りでいいよね? いつもの食パンはおばさんがとっといてあげるから。六枚切りでいいよね?」

「うん」

「帰りにまた寄って」

「はい」

「おぉ。いいお返事。弓乃が泉ちゃんぐらいの歳のときには、はい、なんて言えなかったわよ」

「はいは言えてたでしょ」とそこは反論する。

「お母さんには言わなかった」

「家族だから言わなかっただけ」

「家族にもはいは言うでしょ」

「言う?」

「言う」

考えてみる。まあ、言うこともあるだろう。例えば変に緊張感のある家族なら。

ウチがそうでなくてよかった。子どもにはいという返事を強要する親でなくてよかった。

「あと、泉ちゃん、おばあちゃんにはおばさんが電話しとくね。泉ちゃんが帰ってこなかったら心配するだろうから」

「うん」と言ってから、泉ちゃんは言い直す。「じゃなくて。はい」

その言い直しについ笑う。

それには母も笑い、泉ちゃん自身も笑う。


雪見だいふくとピノとんがりコーンと手拭き用の小さな紙おしぼり二つ。それらを入れた白いレジ袋を持って、店を出る。

「じゃあ、川のほうに行こうか」とわたしが言い、

「うん」と泉ちゃんが言う。

川。多摩川だ。

この辺りでは、多摩川のこちら側も東京都。それが神奈川県との境になるのは、もう少し下流に行ってからだ。ウチでのパートをやめた恒代さんが住む調布市の辺りから。あとはもうずっと多摩川が東京都と神奈川県を分ける。

「また小学校のほうに行くことになっちゃうけど。いい?」

「いいよ」

駅より川に近い側。泉ちゃんは通ってこなかったであろう、踏切を渡るほうの道を行く。

歩道はないが、そもそも道幅が広く、車もほとんど通らないので、歩きやすい。

「アイスは溶けちゃうから、先に食べちゃおう」

「食べちゃおう」

ということで、まずは公園まで行く。が、なかには入らず、道沿いにある植込のコンクリ段に並んで座る。ここに座ってください、と言わんばかり。ちょうどいい高さなのだ。

「わたしが泉ちゃんにこんなとこでアイスを食べさせたって、おばあちゃんには言わないでね」

「だいじょうぶ。おばあちゃんも、こんなとこで一緒にアイス食べるから」

「そうなんだ。じゃあ、よかった」

雪見だいふくとピノ、それぞれに容器を開ける。

まずは泉ちゃんが雪見だいふくで、わたしがピノ。それぞれにいただきますを言って、食べる。泉ちゃんの唇に白い粉が付く。

「おいしいね」とわたし。

「おいしい」と泉ちゃん。

「こういうアイスってさ、十月の今食べてもおいしいよね」

「うん。冬に食べてもおいしい」

「寒い寒い言いながらも、食べちゃうよね」

「食べちゃう。寒いのにおいしいおいしい言っちゃう」

「世界からアイスがなくなったらつらいなぁ」

「世界からアイスがなくなること、あるの？」

「いや、ないだろうけど」

本当にないだろうか、と考えてみる。

アイスは生活必需品ではない。嗜好品。言ってみれば、贅沢品。有事の際にはなくなるかもしれない。有事。戦争。そうなったら、電気が止まったりもするだろう。電気が止まれば、冷蔵庫もつかえない。アイスは存在し得ない。

わたしが生きているあいだにそうなることはないだろうか。

これまではなかった。その手の危機を感じることさえなかった。それなのに今こんなことを考えるのは、一月に起きた阪神・淡路大震災を知ってしまったからだ。知ったといっても、わたしはテレビのニュース映像を見ただけ。あれは天災だが。凄まじかった。

あのときも、わたしは冬なのにアイスを食べていた。夕方、家に帰ってきてアイスを食べながらニュースを見たのだ。

地震が起きたのは朝。だから西のほうで大きな地震が起きたことは知っていた。そこまで被害が甚大であったことは、そのとき初めて知った。

そしてこれまた初めて、わたしはアイスを残した。食べかけのアイスをだ。

こんなことが起きているのに自分がアイスを食べていることが不思議だった。アイスを食べながらこのニュースを見てちゃダメだな、と思った。食べものを残すのもそれはそれでいやだが、このときはそうした。残りのアイスは捨ててしまった。

地震からは九ヵ月。まだまだ復興してはいない。完全にするまでには長い時間がかかるだろう。

わたしも今はこうして普通にアイスを食べる。それでも、時々考えてしまう。あの地震がこちらで起きていたらわたしはどうなっていただろう。就職はできていただろうか。アカシヤは無事だっただろうか。

泉ちゃんが雪見だいふく一個を食べ終えたところで、わたしもピノ三個を食べ終える。それぞれちょうど半分。そこで交換する。今度は泉ちゃんがピノで、わたしが雪見だいふく。

ハムッと食べる。

「あぁ。雪見だいふくもおいしい」とわたし。

「ピノもおいしい」と泉ちゃん。

「なくなってほしくないね、アイス」

「なくなってほしくない。絶対」

泉ちゃんとこんなとこで一緒にアイスを食べる富さん、を想像する。言われてみれば、わかる。泉ちゃんと一緒なら、富さんもこんなとこでアイスを食べるだろう。たぶん、にこにこして食べるはず。

ご近所さんだから、富さんと泉ちゃんのことはよく外で見かける。一緒に歩いているとき、富さんは泉ちゃんと手をつなぐ。泉ちゃんがそうしたいというよりは、富さんがそうしたいのだと思う。

そしてついこないだ気づいた。富さん、そんなふうに歩くときは、必ず泉ちゃんを道の端に寄せるのだ。つまり、車の通る側を自分が歩くのだ。付き合いだして間もないカップルのカレシがそうするみたいに。そのカレシは意識してやっているはずだが、富さんは無意識にやっているのだと思う。

アイスを食べ終えると、わたしは泉ちゃんに言う。

「行こうか」

「うん」

空の容器をレジ袋に入れて立ち上がる。散歩、再開。

すぐに前方に踏切が見えてくる。JR五日市線。昭島市の拝島とあきる野市の武蔵五日市を結んでいる。単線だ。線路は一本。だから踏切も短い。

大学の友人に単線であることを話すと、驚かれる。え、弓乃、東京だよね？　と言われる。うん、あきる野市、と新市名を言っても、ぴんと来てもらえない。だから、もとの秋川市、とも言うが、それでもぴんと来てもらえない。青梅《おうめ》のほう？　と言われたりもする。ほうではないけど、まあ、そんなようなものかな、と自分で言ってしまったりもする。知らない人は、多摩地域のことを何も知らないのだ。東京二十三区より広いのに。

その単線踏切を渡る。渡りきってすぐに電車の接近を知らせる警告音が鳴ると驚かされるものだが、そんなこともなく通過。

「泉ちゃんは船橋だよね？」

「そう」

「ここに来たとき、びっくりしなかった？　線路が一本で」

「びっくりした。電車どうやってすれちがうの？　って思った」

「もう慣れた？」

「慣れた」

「学校にも？」

「うん」

「転校するのは、いやじゃなかった？」

「いやだったけど。おばあちゃんと住めるから」

「そっか。おばあちゃんも喜んでるしね。泉ちゃんと住めて」

実際、富さんは楽しそうだ。泉ちゃんといるときの顔を見ればわかる。楽しそうで、うれしそうだ。子どもは大人を若くする。

そのまま道を歩き、結局は小学校に行く。校門の側からでなく、グラウンドの側から。

ここは多摩川に近い。と、そうは言っても、三百メートルぐらいは離れている。多摩川の河川敷は広いのだ。しかもこの辺りは林のようになっているので、川そのものは見えない。見るなら、何百メートルも南下して橋の上から見るしかない。今はそこまではしない。

そんな場所にあるから、小学校のグラウンドも広い。町なかの小学校だと周りに高い緑のネットが張られていたりするが、そんなものはない。低い生垣があるだけだ。わきのこの道を歩いているだけで、グラウンドや校舎が見渡せる。

小学校のグラウンドなのに、一周四百メートルのトラックがある。だから体育の授業で走るだけで疲れてしまう。運動が苦手なわたしなどは、体操着に着替えてグラウンドに出るだけで疲れていた。校舎からそのトラックまでもそこそこ距離があるので。

そんなトラックがドーンとあっても、なお余裕。グラウンドにスペースはあり余っている。

実際、こちら側から見ると、校舎が遠い。

泉ちゃんが言う。

「弓乃ちゃんもここに通ってたんでしょ？」

「うん。だから懐かしい。久しぶりに来たよ」

徒歩十五分。家からそう遠くはないが、線路を挟むので、ほとんど来ることはないのだ。

小学校のグラウンドから少し先に行ったところに市のソフトボール場がある。そこのベンチに座らせてもらう。

まずは紙おしぼりで手を拭く。そしてとんがりコーンの箱となかの袋を開ける。

いただきますを同時に言うが。まだ頂かない。泉ちゃんと二人、それぞれ左手の五本指の先にとんがりコーンをはめる。魔女の長い爪のようになったその指先を目で楽しんでから、食べる。親指から順に。これもまた懐かしい。

カリカリと心地よい音が響く。泉ちゃんの音とわたしの音。二つ。

「こうするとおいしいね」とわたしが言い、

「しなくてもおいしいけどね」と泉ちゃんが言う。

「でもしちゃうよね」

「しちゃう」

「おばあちゃん、これもする？」

「する」

「するの？」

「するよ。こんな食べ方もあるんだねって言ってた」

そうやってとんがりコーンを食べながら、小学生の感覚を思いだす。あのころはよく、文字の線で囲まれた部分を鉛筆で塗りつぶしたりしていた。例えばひらがなの、お、とか、す、とか、ね、とか、む、とか。その囲まれて丸になった部分を黒く塗りつぶすのだ。

穴があいたとんがりコーンを指にはめるのは、あの塗りつぶす感覚に似ているような気がする。何だろう。空白の部分を埋めたくなるのだ。

二十歳《はたち》の誕生日に友人と入った居酒屋でからし蓮根を食べたときも、その感覚を思いだした。熊本県の郷土料理。蓮根の穴にからし味噌を詰めこんだあれ。初めて見たときは笑ってしまった。これ、まさにあの塗りつぶし感覚だ、と思って。笑ったあとは、からし味噌が予想以上に辛くて悶絶したのだが。

「あ、指、嚙んだ」と隣で泉ちゃんが笑う。

わたしも笑う。たぶん、自ら嚙みにいったのだなと思って。

泉ちゃんはこういうところがかわいい。自分で自分を楽しめるというか、楽しみにいける感じがあるのだ。こんな子がもし孫や娘だったら、本当にかわいいだろう。

だが現状、片岡津弥子さんとそのダンナさんは、こんなにもかわいい娘の泉ちゃんと一緒に暮らしてはいない。

何故そうなのか。気になることは気になる。

とはいえ、それは二十二歳のわたしが九歳の泉ちゃんに訊いていいことでもない。もしかしたら、泉ちゃん自身、何故そうなのかをまだ正確に理解してはいないかもしれない。

泉ちゃんはこのままずっとあきる野市に住むのか。いずれは船橋市に戻るのか。ここでも船橋でもないどこかへ行くなどということもあるのか。どうなるにしても。泉ちゃんにとってベストな形になればいい。それが富さんにとってもベストだろうから。

そんなことを考えていると、泉ちゃんからいきなりこんな質問が来る。

「弓乃ちゃん、好きな子いた？」

「ん？」

「ここに通ってたとき。小学生のとき」

「あぁ。うーん。いたかなぁ」とごまかしたが。

いた。はっきりと、いた。しかもその相手とは最近までつながっていたのだ。

小学校時代からずっとそうだったわけではないが、二ヵ月前までは付き合っていた。カレシとカノジョだった。

池達彦《いけたつひこ》。同い歳。わたしとはちがう大学に行っている。ここが西多摩だとすると、南多摩にある大学。そこの法学部生だ。わたし同様、大学にはここから通っている。

頭はかなりいい。昔からそうだった。中学時代の定期テストでは常に学年トップスリーに入っていたはず。法学部だが、司法試験合格を目指しているわけではない。就職は信託銀行に決めた。わたし以上にすんなり決めた印象だ。

小学校の六年間で、達彦は何度もクラス委員をやった。わたしが副委員長をやったときも、委員長は達彦だった。だからというわけでもないが、よく話した。わたし自身、親しみを感じていた。いや、好意と言っていい。

頭がいいだけではなく、達彦は運動神経もよかった。小学生のときからリレーの選手になっていたし、中学生のときは陸上部に入っていた。

中学校では一度しか同じクラスにならなかったが、その一年はやはりよく話した。

一緒だったのはそこまで。高校はちがうところに行った。

達彦が行ったのはとてもいい学校だ。わたしの学校も決して悪くはないが、そこより偏差値が五は上。

その三年間は一度も会わなかった。東秋留駅でたまたま出くわす、というようなこともなかった。達彦は高校でも陸上部に入っていて、わたしは高校でも帰宅部だった。たぶん、動く時間帯がちがったのだ。そうであれば、人はまったく会わなくなる。

だが大学に入ってあっさり再会した。そのときは会ったのだ。まさに駅で。

カフェに行き、そこであれこれ昔話をした。小学校時代の委員長副委員長のことも話した。

達彦は言った。

「おれ、何度か委員長をやらされてるけど、一番やりやすかった副委員長は明石さんだよ。中学でも、同じクラスになったとき、委員長をやらされたでしょ？　そこで先生に言おうかと思った。副委員長は明石さんにしてくださいって」

それにはグッと来た。久しぶりに会った相手によく真顔でそんなことを言えるな、と感心した。

その日はそれで別れたのだが。後日、達彦から電話が来て、また会った。

自宅にかかってきたその電話には母が出た。弓乃さんと小学校で一緒だった池という者です、と達彦は名乗ったらしい。それだけで母はすんなりわたしにつないでくれた。よかった。もし父が出ていたら。小学校で一緒だったどういう池さんですか？　などと訊き返していたかもしれない。

その電話で約束し、また同じカフェで会った。またあれこれ話し、また会う約束をした。父に電話に出られては困るので、何日の何時に達彦がかけてわたしが出る、とはっきり決めた。

その三度めのときに付き合ってほしいと言われ、受け入れた。小学生のころに好きだった相手。断る理由はなかったのだ。

だがその感じで付き合った二人はうまくいかない。たまたま再会し、結果、付き合っただけだから。

わたしたちもそうなった。昔から知っているという安心感はあったが、ただそれだけ。わたしたちはお互いの今を知らなかった。知ってから付き合っても遅くはなかったのだ。

どちらかが変わってしまったとかそういうことではない。単にどちらもが大人になっただけ。そうなるその時間を共有していなかっただけ。

別れを切りだしたのはわたしだ。きっかけは些細《ささい》なこと。おれはこの店を継がなきゃいけないのかな、と達彦が言ったこと。この店というのはアカシヤだ。

わたしがアルバイトで店番をしていたときに達彦が来た。その日その時間ならまちがいなくわたししかいないとわかっていたから呼んだのだ。久しぶりに店を見たいと達彦が望んだので。

あぁ、懐かしいな、と達彦は言った。小学生のころは、お客さんとして何度か来店したことがあったのだ。ほかのクラスメイトたちと同じように。

あのころとほとんど変わってないね、のあとに、その言葉が来た。おれはこの店を継がなきゃいけないのかな、というそれが。

カレシだから言えたことだ。もし結婚したら、という前置は付かなかった。それでも言いたいことは伝わった。カレシとカノジョだから。

冗談は冗談。深い意味はなかった。悪気もなかったはずだ。自分は池家の長男だから明石家に入るのは無理、というようなことをそう表現しただけ。

わかってはいた。が、引っかかってしまった。継がなきゃいけない、というのがよくなかった。この店を継ぐことは、プラスかマイナスかで言えばマイナス。達彦がそうとらえているこ とまでもが表れてしまった。

いや、わたしも同じではあるのだ。この店を継ぐのはいやだな、とはっきり思っていたのだから。ただ、他人に言われたくはなかった。他人が言うのはちがうような気がした。そう。他人。達彦はカレシだが他人だった。わたし自身がそうとらえていた。

その場では何も言わなかった。言わないどころか、わたしは怒りさえしなかった。不快な顔も見せなかったはずだ。

だが次に会ったとき、わたしは言った。この先も一緒にいることはできないから別れよう、と。本当の理由は言わなかった。来年の四月から働きだして、お互い環境はガラッと変わる。わたしはここを出ていくし、もしかしたら勤務地は他県になるかもしれない。それは池くんも同じ。で、そうなったら無理。なる前に別れたほうがいい。そんなふうに説明した。

そうか、と達彦はあっさり言った。まあ、そうだね。何年か後に、お互い落ちついたところでまた会えるかもしれないし。

ドラマみたいなことを言うのだな、と思ったが、そうは言わなかった。うん、とだけ言い、それで別れた。

アカシヤを閉めることがはっきり決まったのは、その少しあとだ。

達彦が店に来た時点で決まっていたら、わたしの受け止め方もちがっていたのだろうか。達彦があぁ言ったときに、それはだいじょうぶ、店はもう閉めるから、とすんなり返せていたのだろうか。そう考えてみた。

店を閉めることをわたしは言わなかったのではないか。そんな気がした。そして言わないまま、達彦とは別れたはずだ。

とんがりコーンを食べながら考えることでもないよな、と思いつつ、わたしは言う。

「泉ちゃんは、好きな子いるの？」

「いるよ。二人」

「二人？」

「うん。イワマくんとアリマツくん。どっちも好き。でもどっちもわたしのこと嫌い」

「そうなの？」

「そう」

「何でわかるの？」

「そう言ったから」

「そう言ったの？」

「うん。わたしが好きって言ったら、嫌いって」

「どっちも?」

「どっちも」

それはひどい。達彦よりずっとひどい。

と思ったが。小学生。しかもまだ三年生。小三男子が女子にいきなり好きと言われたら、とまどってしまうかもしれない。ギョエ～ッとなってしまうかもしれない。ぼくも好き、とはならないだろう。

だとしても。イワマくんとアリマツくん。もったいない。泉ちゃん、こんなにかわいいのに。

まったく。男子たち。いずれ後悔せよ。

「その子たちは照れてただけだよ」とわたしが言い、

「そうかなぁ」と泉ちゃんが言う。

「絶対そう。泉ちゃんに好きと言われて恥ずかしがってるだけ。イワマくんもアリマツくんも、泉ちゃんのこと、たぶん、好きだよ」

「好きならうれしいはずだよ」

「そうなんだけど。そこは恥ずかしがっちゃうのね。恥ずかしいからつい嫌いって言っちゃうの。男の子って、そういうとこがあるのよ。それは、まあ、女の子にもあるけど」

「ある?」

「ある、んじゃないかな」

「わたし、ない。好きなら好き。イワマくんもアリマツくんも好きだし、おばあちゃんも好き。お父さんもお母さんも好き。好きなのに嫌いなんて言わない」

おぉ、と感心する。いや、もう少し上。感動に近いレベルだ。

すぐ隣でそんなことを言いながらまた左手の指にとんがりコーンをはめだしている泉ちゃん。何だか抱きしめたくなる。わたしがイワマくんやアリマツくんならまちがいなく、ぼくも好き、と言っている。

わたしもとんがりコーンを指にはめていると、泉ちゃんがまたもいきなり言う。

「お店、なくなっちゃうの？」

「え？」

「アカシヤ。なくなっちゃうの？」

「あぁ。知ってるの？」

「おばあちゃんに聞いた」

母が富さんに話したのかもしれない。いきなり閉めたら富さんも困るだろうから。

「今は、ほら、ほかのコンビニとかも結構あるからね。お客さんも、前ほどはいないし」

「わたし、アカシヤ好き」

「ほんと？」

「ほんと。好きだから嫌いなんて言わない」

「ありがとう。わたしも、わたしのお父さんとお母さんも、泉ちゃんが好き。アカシヤが泉ちゃんを好き」

泉ちゃんはさらにこんなことも言ってくれる。

「アカシヤがないと不便」

これは小売店にとって最高のほめ言葉かもしれない。

確かにそうなのだ。最寄のスーパーまで歩いて二十分、は遠い。アカシヤが広い範囲をカバーできていたとは言えないが、近所の人たちの役に立ててはいたはず。娘のわたしにでさえその程度の思いはあるのだから、長く店を営んできた父と母はつらいだろう。

しかも母は、歩いて二十分のそのスーパーでパートをやることになるのだ。ついこないだそんなことを言っていた。あそこならいつでも募集はしてるから、と。

「でもね」とわたしは言う。「泉ちゃんがお客さんになってくれてよかったよ」

「何で?」

「だって、こんなふうに一緒にお散歩できたし、とんがりコーンも一緒に食べられたし」

「散歩は一人でもできるし、とんがりコーンは一人でも食べられるよ」

「そうだけど」

そうだけど。散歩もとんがりコーンを食べるのも、人と一緒にするほうが楽しい。富さんだってそうだろう。泉ちゃんがいるから指にとんがりコーンをはめる。一人なら、たぶん、はめない。二十二歳のわたしは、一人でもまだはめてしまうが。

逆に。達彦と二人でそうすることはないだろう。

あのまま付き合ったとして。二人でとんがりコーンを食べる機会はあったかもしれない。だが達彦がそれを指にはめることはなかったはずだ。わたしがやったとしても、乗ってくることはなかっただろう。まず、わたしも達彦の前でそれをやろうとはしなかっただろう。そんな気がする。

何にしても。

アカシヤがないと不便。

泉ちゃんからその言葉が聞けてよかった。

父と母にも直接聞かせてあげたかった。泉ちゃんがそう言ってたよ、とわたしが伝えるのでなく。泉ちゃんの声で。

一九九九年　米山綾瀬　十三歳

こんなクラブなくていいのになぁ、と思う。

クラブ。部ではない。部活とはちがう。放課後にやるのではなく、毎週水曜日の六時間目にやる。つまり、授業なのだ。必修クラブ、というものらしい。

小学校でも、四年生のときからあった。中学校では、一年生から三年生まですべての学年すべてのクラスから生徒が集まる。

ちがう学年ちがうクラスの生徒と交わることが教育上いい。そんな趣旨だということは何となく理解できる。が、きつい。人と交わるのが苦手だから部活をやっていないわたしにしてみれば。

水曜日の六時間目。四月最初のその時間は、クラスでのクラブ決めにつかわれた。誰がどのクラブに入るか、それを決めるのだ。

歴史クラブに英会話クラブ。授業に近いそんなものもあるが。立体地図クラブにけん玉クラブ。趣味に近いそんなものもある。男子だとやはりソフトボールクラブやバドミントンクラブに人気が集まり、女子だとお手玉クラブやかるたクラブに人気が集まった。

定員は決まっていたから、それら人気クラブはどれも抽選。ジャンケンでの決定になった。わたしもほかの子たちみたいにお手玉クラブかかるたクラブがよかった。理由はもちろん、楽そうだから。楽しそうだから、ではない。し、は入らない。楽そう。

お手玉なら一人でやっていればいい。かるたならその場にいればいい。はい、と言って札を取ったりする必要はない。そこにいるだけで、参加している形にはなるだろう。それで充分。その意味で、楽そう。

ただ、ジャンケンに勝てる自信はなかった。これまで大事なジャンケンで勝った記憶がないのだ。負けている印象しかない。

だからジャンケンは捨てた。それならすんなり入れそうなクラブを狙ったほうがいい。人気の高いクラブのジャンケンに参加しているうちにほかのクラブの枠はどんどん埋まってしまい、結果、最不人気クラブに決定。そうなるのは避けたい。

そして黒板のこんな文字に目が留まった。創作文クラブ。

見逃していた。こんなのがあったのか、と思った。これ、いいかも、とも。

わたしは絵より文字のほうが好きなのだ。漫画よりは小説。漫画は漫画で好きなのだが、絵そのものよりはストーリーに惹かれる。部でも、文芸部みたいなのがあれば惹かれていたかもしれない。入っていたかもしれない。

スッと黒板に寄っていき、わたしは短いチョークをつかんで、創作文クラブ、の文字の左隣にこう書いた。米山綾瀬《よねやまあやせ》。

定員は一人。だからジャンケンになる可能性もなくはない。でもそうはならなかった。ジャンケンはしなくてすんだ。わたし以外、希望者はいなかった。この創作文クラブこそが最不人気クラブだったのだ。

という流れでの、水曜日の六時間目。第一回の創作文クラブ。

五時間目が終わると、わたしは急いでここ二年B組の教室に来た。座る席がなかったりしたら困るので、本当に急いだ。先生に見られたら怒られそうな速さで廊下を走ってしまった。

その甲斐あって、どうにか端の席をキープ。今はそこに座っている。

窓側の端。どこでもいいようなのでそこにした。端は端だが、一番前でも一番後ろでもない。列の真ん中辺り。二、三年生の先輩たちの邪魔にならないよう慎重に選んだ。

そして窓の外を眺めていると。誰かが隣に座る。

気配を感じて見てみれば。女子。

「一年だよね？」といきなり言われ、

「あ、はい」と返す。

「何組？」

「D組です」

「D。じゃ、隣だ」

「え？」

「わたし、C」

敬語で始めてしまった手前、急には変えられず、そのままいく。

「C組、ですか」

「うん。C組」

一応、確認する。

「一年生、ですよね？」

「そう。見ればわかるじゃん。若いじゃん」

見ただけではわからない。そうかなとは思っても、確信までは持てない。むしろみんな先輩に見えてしまう。

「わたし、まだ十二だよ。って、一年ならみんなそうか」

「あ、わたし、十三」

「え、そうなの？」

「うん」とここでようやくタメ口に変える。「誕生日、来たから」

「へぇ。早いんだ。いつ？」

「今日」

「今日！　四月十四日？」

「そう。四が二つ入ってて、あんまり縁起がよくないんだけど」

「そんなことないでしょ。だったら四月生まれの人はみんな縁起が悪くなっちゃうじゃん」

「でも二つは多いよ。三分の二だし」

「何よ、その理屈」とC組女子が笑う。「四月四十四日生まれとかならムムッて思うけど、絶対そうはならないんだからだいじょうぶじゃん」

その理屈こそ何よ、と言いたくなるが、言わない。

「とにかくおめでとう。パチパチ〜」と言って、C組女子は拍手をする。

近くにいた人たちが、何ごとかとこちらを見る。

「あ、いや、そういうのは別に」とあわてて言う。

「早くも十三歳。姉さんじゃん。姉さん、名前は？」

「えーと、米山」

「ヨネヤマ何？」

「綾瀬」

「アヤセ？　カッコいい。そっちも名字みたい。って、これ、ほめてるからね」

ならばと、一応、言う。

「ありがとう」

「わたしはイズミ。カタオカイズミ。普通の片岡に普通の泉。和風の和が前に付かない一文字の泉ね」

「片岡泉、さん」わたしも名前をほめるべきかと思うが、ほめ方がわからないので、こう続ける。「よろしく」

「綾瀬、部活は？」

いきなりの呼び捨てにとまどいながら、答える。

「やってない」

「わたしも。漫画部があれば入ろうかと思ったけど、なかったから入らなかった。漫画なんてみんな読むんだから、あってもよさそうなもんなのに」

「みんな読むからないんじゃないの？」

「ん？」と片岡さんがわたしの顔を見る。「どういうこと？」

「いや、ほら、どこででも一人で普通に読めるから、部にする必要がないんじゃない？　読むんじゃなくて描くとかいうなら別だけど。でもそれをしたい人は、部をつくれるほど多くはないだろうし」

「あぁ」

「ただ、文芸部はある学校にはあるから、漫画部もあっていいような気はするけど。好きな漫画の感想を言い合ったり、好きな漫画を紹介し合ったりはできるし」

そこでチャイムが鳴り、六時間目が始まる。

が、先生はすぐには来ない。

「にしてもさぁ」と片岡さんが言う。「創作文クラブって、何？」

「え？」とわたし。

「まず、創作文て、何？」

「自分で書いた文とか、そういうことなのかな」

「自分で書いた文？」

「小説とかそういうの」

「小説！　読んだことないよ、そんなの」

「そうなの？」

「普通そうでしょ」

「普通そうっていうことはないと思うけど」

「綾瀬はあるの？」

「少しは」と答え、自分からこう訊いてみる。「漫画部はないから創作文クラブに来たんじゃないの？」

「まさか。そんなわけないでしょ。創作文の意味も知らないのに」

「じゃあ、何で？」

「ジャンケンで負けたの。しかも三回。楽そうだと思ったお手玉クラブで負けて、かるたクラブでも負けて。じゃ、面倒だけどしかたないってことで狙った裁縫クラブでも負けて。そんでまさかのこれ。希望者が一人もいないのはこれしかなかったの。要するに、ビリ。頭に来たから さ、最後、黒板の創作文クラブって文字のわきにデッカく、片岡泉！　って書いてやったよ。不満を表すためにびっくりマークまで付けた。そしたらさ、やりました！　そこに入れました！みたいに見えちゃってんの。よかったじゃん片岡、とか男子に言われたよ。ちがうっつうの」

　創作文クラブ。やはり最不人気クラブだったのだ。ほかのクラスでも。

「三回負けたんだ？」

「そう。うそでしょ？　って思った」

「ジャンケンとか強そうだけど」

「は？　ジャンケンに強いも何もないでしょ。運じゃん、あんなの」

　片岡さん。ジャンケンはとても強そうに見える。毎回わたしに勝ってきた人たち、のように見える。片岡さんがチョキを出したあと、わたしは勢いに圧されて自分からパーを出してしまいそうな気がする。

「でももしかしたら何かあんのかな」と片岡さんが言う。

「何かって？」

「いや、ほら、最初はグーってあるじゃない。わたし、あれが苦手なのよ。いったい何なの？　最初はグーって、何？　何でそんなことすんの？」

「みんなの出だしをそろえるというか、リズムを整える、みたいなことなんじゃないの？」

「それは最初の、ジャンケン、で充分じゃない。あれがそのためのものでしょ？　で、そのあとに、ポン！　でいい。それがリズムでしょ。何で最初にグー出させんのよ。何でみんなでそろえんのよ。あれで逆にリズムが狂っちゃうよ」

「狂っちゃう？」

「狂っちゃう。そこで一回グーを出してるでしょ？　だから、次何出そう、になっちゃうの。何か続けてグーを出す気にはならないし、じゃあ、パーなのかチョキなのかって迷っちゃう。すんなりいけない」

「そんなの、初めて聞いた」

「わたしも初めて言ったよ。でも考えてみたらそうなの。最初はグーをやる人のほうが、どっちかっていうと多いけど、やんない人もいるじゃない。だからさ、え、これどっち？　グーあり？　なし？　って思っちゃうわけ。そこでもう迷っちゃってんの」

「先に訊けばいいんじゃない？」

「そうなのよ。先に訊けばいいの。でもさ、ジャンケンて、たいていはいきなり始まんのよ。

どうする？　じゃ、ジャンケンね。みたいに。だからいつも訊く時間がないの。あ、そうだ、と思ったときにはもう始まっちゃってる」

「でも、迷ったとして。それでジャンケンの結果が変わるわけではないだろうし。だから負けたってことでも、ないんじゃない？」

「もうさ、そのすんなりいけないのがいやなのよ。気持ちよくないの、勝っても負けても。って、まあ、それは言いすぎで。勝てば気持ちはいいんだけど。でも負けたらそのせいで負けたみたいになる。このときは特にそうだった。だって、三連敗だしね。だから今、しかたなくここにいるわけ」

そう言われれば、納得する。片岡さんはどう見ても創作文クラブに来る人ではない。ジャージ姿でグラウンドにいたり、男子と競ってバンバンかるたを取っていたりするほうが似合う。はっきり言ってしまえば。わたしとは合わないタイプ。実際、ちょっと苦手だな、と思う。初対面なのに距離を詰めてくる感じとか、そもそも小説にまるで興味がない感じとか。

そこで教室のドアが開く。やっと先生が入ってくる。

番場静奈《ばんばしずな》先生。二年B組の担任だ。必修クラブは、基本的に、担当する先生自身の教室をつかうことになっている。創作文クラブの担当らしく、番場先生は国語教師。歳は三十代後半ぐらい。わたしのお母さんより若い。

「遅れてごめんなさい」と言い、番場先生は教卓の前に立つ。「はい。じゃあ、今日からここで創作文クラブを始めます。全部で、えーと、十四人。合ってるわね。出席まではとらないけど。だいじょうぶ？　ここは創作文クラブの教室。みんな、まちがえてないわね？」

生徒たちの何人かが顔を見合わせ、何人かが、はい、と返事をする。

わたしは何もしない。ただうなずくだけ。

「十四人でこんなふうに散らばってるのも何だから、まずは席をつくりましょう。みんなで話しやすいように、机を十五個、丸く並べて。円みたいに。あとで戻してもらうから、どの机をどこに動かしたか、ちゃんと覚えといてね」

そのとおりに、全員で席をつくる。前側の十五個の机で。そして各々、その席に着く。これも番場先生の指示で、学年とクラス順。だから片岡さんはそこでもわたしの隣になる。

「次からも毎回席はこうね。ではあらためて、始めます」

番場先生は、まず全員に簡単な自己紹介をさせる。

それで、三年生は四人、二年生は六人、一年生は四人、であることがわかる。

三年生と二年生に男子がそれぞれ一人。あとは全員女子だ。三学年、各クラスから一人ずつ。二年生も四クラスだが、六人。二年B組の生徒だけは三人いる。去年もこのクラブにいて今年は番場先生のクラスだから許可した、ということらしい。

特別扱いは特別扱いだが、不満は出なかったはずだ。お手玉クラブやかるたクラブなら別だが、創作文クラブでそれはない。かえって喜ばれたぐらいだろう。その分、ほかのクラブの枠は空くわけだから。

自己紹介で、とりあえず全員の学年とクラスと名前は判明。一年間一緒に活動するということで、部長を決めた。三年生の男子ということで、二日一道高《ふつかいちみちたか》先輩。そこはすんなり決まった。

というか。二日一くんでいいわね、と番場先生が決めてしまった。

二日一。初めて聞く名字。カッコいい。それこそ小説の登場人物みたいだ。自己紹介の際に二日一部長が言っていた。二日市さんはそこそこいるが、二日一は本当に少ないのだと。その少ない二日一先輩が部長。いい。

そして、次。わずか十四人なので副部長を決める必要はなさそうだが、二日一部長が休んだときのためにと、一応、決めた。二年生の森内公利《もりうちきみとし》先輩。それも番場先生が決めた。じゃあ、副部長は森内くんでいいわね、と。

無駄なことに時間をとらない番場先生のてきぱきした感じはとてもよかった。そんなふうに先生が決めてしまえば、誰も反対はしないのだ。指名された生徒も受けやすい。

それからは雑談のようになった。やはり番場先生の指示で、二日一部長が全員に好きな小説を訊いた。

夏目漱石の『こころ』を挙げる人もいたし、サン＝テグジュペリの『星の王子さま』を挙げる人もいた。

わたしは、ルイス・キャロルの『不思議の国のアリス』と迷って、宮沢賢治の『オツベルと象』を挙げた。ストーリーもそうだが、のんのんのんのんやっていた、というその擬音語がとても好きなのだ。あれはおもしろいね、と番場先生も言ってくれた。

ちなみに、片岡さんは何も挙げなかった。

「小説は読んだことないです」と正直に言った。「いや、何か読んだことはあるんだろうけど。思いだせないです」

「じゃあ、これを機に読みましょう」と番場先生に言われ、

「ジャンケンで負けただけなのに？」なんて言っていた。

「ジャンケンて」と二年B組の三人のうちの一人である田上《たのうえ》先輩が不満そうに言い、二日一部長と森内副部長は苦笑した。

わたしは密かにひやひやした。密かにだが、結構した。

でもその程度。田上先輩もそれ以上言うことはなかった。

全体として見れば、創作文クラブ第一回、は和やかに進んだ。

毎回こんなならどうにかなりそうだ。とわたしは胸を撫で下ろした。

のだが。

番場先生は最後に意外なことを言った。

「みんながどんな本を読んでるのかはだいたいわかりました。で。ここは読書クラブではなく創作文クラブなので、実際に創作をしてもらいます。作品を書いてもらいます」

「え〜っ」と片岡さんが声を上げる。「書くんですか？　文字を」

「文字をというか、小説をね」

「無理無理。読んだことないのに書けるわけない」

「だいじょうぶ。文字は書けるんだから、書けます」

「でもわたし、漢字とか微妙だし」

「それはまちがえてもいいです。漢字がわからなかったらひらがなで書いてもいいし。テーマは決めません。どんなものでもいいです。だからほんとにだいじょうぶ。書けます」

「いや、だって、小説ですよね？　うそ書くんですよね？」

「うそではないけどね。あくまでも創作です。夏休みの宿題に出される作文とか読書感想文とかとは別ね。でも、自由。日常、身のまわりで起きたことを小説にしてもいいし、頭で考えたことを小説にしてもいいです。ＳＦでもミステリーでも何でもいい。書けそうなら歴史小説でもいい。で、小説の長さだけど。まずは原稿用紙五枚かな」

「長い！」とこれも片岡さん。

「長くないわよ。中学からは夏休みの宿題の作文も読書感想文も五枚になるから、今のうちに慣れておきましょう」

「五枚になるんですか？」

「そうよ」

「死ぬ〜」

「だいじょうぶ。死にません」

「読書感想文だって何書いていいかわかんないのに、小説とか絶対無理」

「そんなことないです。何を書いてもいいんだから、もしかしたら読書感想文より楽かもしれない。例えばね、今の片岡さんのことを書いてもいいのよ」

「今のわたし？」

「読書感想文が書けなくて困ってる中学一年生の話、とか」

「う〜。書けない〜。って、書くんですか？」

「そう」

「いや、そうって」

「書けないならね、何で書けないかを考えてみるの。でなきゃ、どんなふうに苦労したかを考えてみる。例えば今、片岡さんは読書感想文をいやがってるけど、実際に書きはしたでしょ？書いて、提出はしたでしょ？」

「しました。先生が出せって言うから」

「枚数も、ちゃんと守ったわよね？　小学生だと、三枚かな」

「たぶん」

「書くとき、どうにか行を増やそうとしたりしなかった？　ここでそしてってって書けば一行増えるなとか、点とか丸とかを打てばやっぱり増えるなとか」

「あぁ。それはやったかも」

「でしょ？　先生も中学生のころはやりました」

「やったんですか？」

「やったわね」

そこでみんなが少し笑う。わたしも笑う。番場先生、正直だ。

「だからそういうことを書けばいいの。それでも小説にはなるから」

「なるんですか？」

「なります。ただ、結末にちょっと意外性はほしいかな」

「どんでん返しみたいなの？」

「そこまでではなくていいけど。別にね、初めから夏目漱石になろうとしなくていいのよ。まずは考えてみること。実際に創作をしてみること。それがスタート。『吾輩は猫である』のまねをしてもいいわよ。自分が猫になったつもりで人間たちを観察してみてもいい。初めはそういうのもあり」

「ほんとに何でもいいってことですか？」

「ほんとに何でもいいです。誰かが書いたものをそのまま書き写すのはダメだけど、自分で考えて書いたのであれば何でもいい」そして番場先生は言う。「ということで。一学期最後の回にみんなで作品の感想を言い合うから、締切は、えーと、六月十六日のこの時間ね。その日に提出してもらいます」

「一年に一作じゃないの？」と片岡さん。

「ちがいます。二作は書いてもらいます。二作めは、二学期三学期で十枚、かな」

「いや、増えてるし」

「その分、期間も長いから」

「十枚。マジで死ぬ〜」

「いやなら来なきゃいいのに」とまたも田上先輩がチクリと言う。

うわ、いやだなぁ、とわたしは思う。やはり密かにだが、はっきり思う。人が集まるとこんなふうになるからいやなのだ。

そこで六時間目終了のチャイムが鳴り、番場先生が言う。

「来週までに、どんなものを書きたいか考えてきて。まだはっきり決めなくていい。もとのアイデアを出すだけでいいから。それをまたここで話してもらいます。で、ほかの人の意見を聞きましょう。そうやって、少しずつ進めていきましょう。じゃあ、今日はここまで。みんな、急いで机戻して。三田《みた》さんと宮田《みやた》さんと田上さん、まちがいがないか見てあげてね」

番場先生が教室から出ていき、わたしたちは机を戻す。

そこで片岡さんが田上先輩に何か言われたりするんじゃないかと思ったが、そんなことはなかった。田上先輩が、去年同じクラスだったらしい森内先輩とずっと話していたこともあって。

二年B組の教室から出ると、片岡さんと二人、一年生の教室に戻る。

階段を下りながら、片岡さんが言う。

「いやぁ。終わった終わった」

「というか、始まったばかりでしょ」

「五枚。きついなぁ。何書こう。綾瀬は？　何書く？」

「まだ考えてないよ」

「わたしとちがって頭よさそうだから、余裕で書けるでしょ。綾瀬がいてくれてよかった。アドバイスしてよ」

「できないよ、そんなの」できないが、こんなことは言ってしまう。「ただ、先輩には睨《にら》まれないようにしたほうがいいんじゃない？」

「ん？　わたし、睨まれてた？」

「そこまではいってないと思うけど」

「二年B組ガールズ。去年もこのクラブにいたのかぁ」

「そうみたいね」

「まず、それが信じらんないよ。去年もいて、何、今年も来てんのよ」

「楽しかったんじゃない？」

「それはいいけど。三人でっていうのがダメだよね。何、つるんでんのよ。三田に宮田に田上。何、田がそろったからって、つるんじゃってんのよ」

「そういうわけではないと思うけど」

「このクラブに進んで入りたがるなんて、あの人たちぐらいでしょ」

「わたしも、だよ」

「え、そうなの？　希望したってこと？　ジャンケンで負けてないの？」

「負けてない。ジャンケン、してない」

「一回も？」

「一回も。ほかに希望者がいなかったから、する必要がなかったし」

「じゃあ、何、小説を書きたかったの？」

「そういうわけではないけど、本を読むのは好きだから。先生の話を聞いて、書くのもおもしろそうだなとは、ちょっと思った」

「読むのと書くのはちがくない？」

「ちがうだろうけど。読めるんだから書けるかもって」

「いや、読めたからって書けないでしょ」

「でも。やってみてもいいかなと思うくらいにはなったよ」

片岡さんがわたしの顔を見る。ふうっと息を吐いてから、言う。

「マジか」

創作文クラブでというだけではない。片岡さんとは、この中学で初めて一緒になった。小学校は別。わたしが通っていたのとはちがう小学校に片岡さんは通っていた。だから創作文クラブで会うまで話したことはなかったし、顔も知らなかった。

二つの小学校の児童が中学校で一緒になる。よくあるパターンだ。だから全体の半分は同じ学校の子になる。ここでもそうなった。が、知り合いの子もいる、というだけ。一年D組に、小六のとき同じクラスだった子は少なかった。わたしと仲がいい子は一人もいなかった。無理もない。仲がいい、とわたしがはっきり言えるのは結城志麻《ゆうきしま》くらいだから。

その志麻は残念ながら一年A組になってしまった。A組とD組。端と端。遠い。体育の授業でも一緒にはならない。全校集会なんかの列も隣にはならない。

志麻は女子バスケットボール部に入った。意外だった。特にバスケが好きというわけでもなかったから。何となくやってみようと思った、と言っていた。志麻がやるならわたしも、と思いたかったが、何となくでそこまでは思えなかった。わたしにバスケは無理だ。ボールをゴールに入れたことはないどころか、ゴールのリングに当てたこともない。

志麻と知り合ったのは小学三年生のとき。クラス替えで一緒になり、仲よくなった。どうにかそうなれた。

そもそも、わたしは船橋生まれではない。八千代生まれ。八千代は船橋の東隣にある市だ。そこの団地にわたしたち米山家は住んでいた。お父さんとお母さんとわたしの三人。

団地から駅までは歩いて十五分かかった。団地から東京にあるお父さんの会社までは一時間半。だからわたしが小学三年生になる前に船橋に移った。お父さんとお母さんが今のマンションを買ったのだ。

転校は、わたしにしてみればきつかった。

小二の三学期途中での転校。マンションを買ったからには移るしかなかった。もといた団地は賃貸。移らないと、マンションを持っているのに家賃を払わなきゃいけなくなるのだ。せっかく仲よくなれた友だちと、そこでいきなり別れることになった。やり直しか、とがっくり来た。わたしは人と仲よくなるのにものすごく時間がかかるのだ。片岡さんみたいにはやれない。初めて会う人に自分から話しかけることはできない。名前を呼び捨てにするなんて、絶対にできない。半年でも無理かもしれない。

小学校から中学校に上がるのは転校ではない。持ち上がるだけ。でも半分は新しい子たちになるから、転校の感覚がなくもない。転校生じゃないと頭ではわかっていても、気持ちがついていかない。出足の一歩が遅れてしまう。気後れが出てしまう。

部活のこともそう。志麻と同じバスケは無理でも、何かやろうとは思っていた。部活は強制ではなかったが、先生にはすすめられたし、お母さんにもすすめられた。友だちを増やすチャンスだと、わたし自身感じてもいた。

運動部が無理なら文化部は？　そう考えてみた。文芸部はなかったから、吹奏楽部や美術部。吹奏楽部には少し惹かれたが、楽器ができないので、やめた。誰だって初めはできないでしょ、と思ったが、すでにできる子もいるのだとすぐに気づいた。そう。幼稚園や小学校にいたときからピアノを習っていた子たちもいるのだ。吹奏楽部に入るのはそんな子たちばかりだろう。とても追いつけない。だから、なし。

美術部にも少し惹かれたが、絵はうまくないので、やめた。ピアノとちがい、幼稚園や小学校にいたときから絵を習っていた子はそんなにいないはずだが、それとは無関係に自分がうまくなれるとは思えなかった。だから、なし。

結局、部には入らなかった。

消極的。言われなくてもわかっている。何かをやるかやらないかで迷ったら、やらないほうを選ぶ。それがわたしなのだ。

やったら失敗する可能性がある。でもやらなければそれはない。成功はしないが失敗もしない。

じゃあ、やらない。

土曜日の午前中。家でテレビを見ている。

学校を休んだわけではない。今日は休みなのだ。第四土曜日だから。

わたしが小学校に上がったときはもう、第二土曜日は休みだった。明日はお休みだからみんなまちがえて学校に来ないようにね、なんて先生に言われた。前年の秋からそうなったのだとお母さんに聞いた。それまでは土曜日も毎週授業があったらしい。

三年生からは、つまり船橋に引っ越してきたときからは、第二土曜日だけじゃなく第四土曜日も休みになった。それはうれしかった。

そのときも、みんな学校に来ないようにね、と先生に言われた。行くわけがなかった。そんなうれしいことを忘れるわけがないのだ。今週の土曜日は休み、と月曜日からもう楽しみにしているのだから。

今日はその第四土曜日。お父さんはインテリア用品販売会社の社員で土日が休みではないから、いない。お母さんも和菓子屋さんでのパートに出ているから、いない。

ならテレビを見てしまう。

午前中にやっちゃいなさいよ、とお母さんに言われていた宿題はもうやった。半分は昨日のうちにやっておいたのだ。

いつもそういうのは先にやってしまう。残しておくと、どうも落ちつかない。

だから、夏休みの宿題を八月三十一日にやる人のことを不思議に思う。やっておけばいいじゃない、と言いたくなる。ずっと何してたの？　と訊きたくなる。

片岡さんがまさにそれだというので、実際に訊いてみた。

「うーん。漫画読んだり遊んだりしてんのかな」と片岡さんは答えた。

「ずっとではないでしょ？」

「ずっとではないけど。でも、まあ、ずっとみたいなもんか」

逆にこう訊かれた。

「綾瀬は、何で夏休みの宿題を七月とかにできんの？　何で、やんの？」

うまく答えられなかった。考えに考えて、こう答えた。

「そのほうが楽だから」

「わたしも同じだよ。そのほうが楽だから八月の終わりにやんの。追いこまれればやる気になるし、やった感も味わえる。別にそれを味わいたくてそうしてるわけじゃないけど。いつも自然とそうなるよ」

「落ちつかなくない？」

「なくない。八月の終わりまで、宿題のことはまったく考えないから」

そういう人もいるのだ。うらやましい。かどうか、よくわからない。

まあ、それはともかく。

テレビを見ている。バラエティ番組だ。タレントさんが町歩きをする、みたいなそれ。

土曜日の午前中にやる番組だから、まったりした感じだ。ゴールを目指して競走したりはしない。クイズ対決をしたりもしない。ただのんびり歩き、たまにソフトクリームを食べたりするだけ。

実際、タレントさんの男女二人が川辺の道を歩いている。そして川に亀がいるのを見つける。

小川も小川。しかも浅瀬だ。水深は二十センチぐらい。そこに直径五十センチぐらいの石がある。水面から少し出ていて、その部分は陽にさらされている。

結構大きな亀が、その石によじ登ろうとしている。左右の前肢《まえあし》を石にかけ、よいしょ、とやっている。人がプールから上がろうとしているときみたいにだ。石の上で甲羅干しをしたいのだろう。

でも石には絶妙な高さがあり、亀は登れそうで登れない。前肢がプルプルしている感じがテレビの画面越しに伝わってくる。がんばれがんばれ、とこちらも知らず知らずのうちに応援してしまう。

亀も二度三度とがんばる。よいしょよいしょと力を込める。が、四度めにかかると見せて、あきらめる。力を抜いて水にぽちゃんと落ち、スイスイ〜ッと泳いでいってしまう。

「お、あきらめた」と男のタレントさんが笑う。

テレビの前のわたしも笑う。

多少はがんばるが、あきらめるときはあっさり。そのあきらめ方がいい。あきらめたらもうすぐに石から離れてしまうその感じもいい。失敗した現場にはいたくないのだ。

わかるわぁ、と思い、次いで、こう思う。あ、亀は？

創作文をどうするか。このところずっと考えていたのだ。

第一回の創作文クラブでテーマは何でもいいと言われ、翌週の第二回までにいろいろ考えた。身のまわりのことでいいとも番場先生は言ったので、その線でいくつもりでいた。

その第二回で、番場先生に言った。

「中学で部に入るか迷う女子の話を書きたいです」

まさに身のまわりのこと。自分のことをそのまま書けばいいと思ったのだ。

「それは米山さん自身のこと？」と番場先生に訊かれ、

「はい」と答えた。

「米山さんは今、部に入ってるの？」

「入ってません」

「小説ではどうするつもり？」

「入らない、と思います」

「そこは入らせてもいいんじゃない？」

「え？」

「そっくりそのまま現実の米山さんと同じでなくていいのよ。そこでは入っちゃってもいい。入ってたらどうだったのか。そう考えて書くのもあり。もう少し言えばね、入ったけどやめちゃった、でもいいの。もちろん、入ってみたらすごく楽しかった、だからずっと続けます、でもいい。そのあたりをあれこれ考えて、小説として一番いいと自分が思う形にするの。それが創作っていうこと。現実をそのまま書いてもいいんだけど、それに囚われる必要はない。そこは自由でいい」

番場先生は、生徒一人一人にそんなアドバイスをした。そのうえで、何を書くかはまだ決めなくていい、もっともっと考えてみましょう、と言った。

わたしも考えてみた。確かに、わたしのことをそのまま書いてもおもしろいはずがない。わたしはおもしろい人でも何でもないのだ。

主人公の女子は部に入る。でもそれだけではおもしろくないから、ただ入るのでなく、部をつくってしまう。入りたい部がなかったので、自分で部をつくり、そこに入るのだ。

それはいいかもしれない。音楽をやりたいのに軽音楽部がないから自分たちでつくってしまう。そういうのはよくある。前向きな感じもする。悪くないだろう。

部は何にするか。文芸部。それなら創作文クラブともつながる。番場先生も喜ぶかもしれない。もしかしたらほめてくれるかもしれない。と、正直、そこまで考えた。

小学校の四年生ぐらいからはもうずっとそんな感じだ。それこそ夏休みの宿題である作文とか読書感想文とかは特にそう。どう書けば先生が喜ぶか。というか、大人が喜ぶか。いつもそんなことを考えて書いている。そうしたほうが楽なのだ。一般的にいいとされていることを書けばすむ。迷うことがない。

これは言うことでもそう。先生に何か訊かれたり、学級会で意見を求められたりしたときは、一般的にいいとされていることを言う。そこまではっきり意識しているわけでもないが、やはりわたしは先生が評価してくれそうなことを言ってしまう。気に入られたいわけではないが、嫌われたくもないのだ。

創作文の締切は六月十六日。今日がもう五月二十二日。締切まで一ヵ月を切っている。いつも早めに動くわたしとしては、そろそろ書きだしたい。

片岡さんは、六月なんてまだずっと先じゃん、とのんきなことを言っていた。わたしはまだ何も考えてないよ、と。

でも第二回の創作文クラブで、どうするかを番場先生には言わなきゃいけなかった。そこで片岡さんは、推理小説にするつもりです、と言った。それには、わたしや番場先生どころか、二日一部長や森内副部長も驚いた。二年B組ガールズの三人も驚いた。

あとで訊いたら。片岡さんは、何も用意してなかったから思いつきで言っちゃった、のだそうだ。推理小説という言葉は知っていたから言っちゃったらしい。そしてそのあとはまた何も考えていないらしい。夏休みの宿題同様、締切の六月十六日ぎりぎりのところで書きだすつもりなのだ。それはそれですごい。

わたしはもう番場先生にオーケーをもらっている。もらったのは、ゴールデンウィーク明けの創作文クラブでだ。

それからもう十日が経つ。その十日間で、さらにあれこれ考えた。

で、考えたことがちょっとマイナスに働いた。この話、本当におもしろいかな、と思ってしまったのだ。小説としてはつまらないんじゃないかな、と。

音楽をやりたいのに軽音楽部がないから自分たちでつくってしまう。そういうのはよくあると、わたしは前に思った。

よくある、と言っている時点でダメだろう。オリジナルではないのだ。『吾輩は猫である』のまね、というのともちょっとちがう。形ではなく、題材そのものを借りてしまっている。そこに創作はない。番場先生に訊くまでもない。そのくらいのことはわたしにもわかる。

だから、亀？　何で、亀？

あらためて考えてみた。ゼロから。

身のまわりのことでいいと番場先生は言った。それは裏を返せば、身のまわりのことでなくてもいい、ということでもある。

自分に関することなら作文を書けばいい。部に入ろうかと思いましたがわたしは引っ込み思案なので入りませんでした。そういうことは、夏休みの作文で書けばいい。ここでは小説を書きたい。小説っぽい小説、でもいい。まねっぽくなってもいい。初めてだからそれはしかたない。だったらどうするか。宮沢賢治ではないが、童話みたいにしたい。どうせなら、亀を主人公にしたい。

そこで何故か王様が頭に浮かんだ。童話↓『裸の王様』、という連想だろう。王様はいい。ふくらませそうな感じがある。

主人公の亀に名前はない。そこは猫の吾輩と同じ。

水と陸はもう知っているから、あとは空を知ってみたいもんだなぁ、と亀は思っている。そこで日ごろ仲がいいツバメに頼んで空を飛ばせてもらう。

でもそこでツバメが鷹に襲われ、亀は落下する。そして王様に拾われ、家来になる。

王様は大きな城で優雅な生活をしている。毎晩パーティーを開き、ワインをガブガブ飲む。そのワインを王様のもとへ運ぶのが亀の仕事になる。ワインが入ったグラスを甲羅に載せて運ぶのだ。

一方で、王様はよその国と戦争もしている。パーティーと戦争。どちらも同じくらい好きなのだ。城の塔の上にある砲台から、大砲の弾をよその国にドンドン撃ちこむ。ワインを飲みながら撃ちこむこともある。

王様が何故戦争をするのか。亀は家来のハンスに訊いてみる。平和にあきてきたから戦争をするんだよ、とハンスは答える。ぼくが生まれるずっと前からそうだったらしい。どの王様も同じ。平和にあきてきたら戦争をして、戦争にあきてきたらやめる。その結果、平和になる。だから今は王様が戦争にあきるのを待つしかないよ。

ある夜、亀は塔の上から夜空を眺める。ふぅ、とため息をつき、思う。亀だから一万年生きるとして、あと何千年もここにいるのはちょっとつらいなぁ。思っているうちに眠ってしまい、ドーン！　という凄まじい音で目が覚める。

気がつけば、亀はまた空を飛んでいる。しかも大砲の弾に乗って。どうやら砲身のなかで眠ってしまったらしい。朝になって弾とともに発射されたのだ。

やがて下方に川が見えてくる。亀は弾からスルッと滑り降り、ぽちゃんと川に落ちる。

おしまい。

日曜日から三日をかけて、わたしはその小説を書いた。もう少しかかるかと思ったが、書きだしたら早かった。書いているあいだは夢中になれた。知らないうちに二時間が経っていた。

二日めと三日めは、学校から帰るとすぐに勉強机に向かった。宿題をやるときみたいに、さあ、やろう、と思う必要はなかった。やりたかったから、自然とそこに向かえた。

二日めも三日めも、綾瀬、早くご飯食べて、とお母さんに言われた。三日めは、綾瀬、早くおフロ入って、とも言われた。亀が大砲の弾に乗っている最後の場面だったので、一気に書きたかったのだ。

楽しかった。文芸部をつくりたくなった。でも一人でも書けるな、と思った。

ちょっと綾瀬、何してんの。ほんとに早くおフロ入って。

とお母さんに怒られて入ったそのおフロで、小説のタイトルを決めた。

『空を飛んだカメ』。

亀はカタカナにした。そのほうがやわらかくなる感じがしたから。

六月三十日。期末テスト前。一学期最後の創作文クラブ。

提出から二週間後。今日はほかの人たちの作品を読んだ感想を言い合うことになっている。自分の以外で十三人分。一人原稿用紙五枚として、六十五枚。結構な量だ。といっても、本に当てはめれば四十ページぐらい。番場先生がそう言っていた。だったら、そんなでもない。

「でも死んだよ」と片岡さんは言った。「一学期だけでもう小説を一生分読んだ」

「一生分は読んでないでしょ」とわたしは返した。「だって、一冊分もないんだから」

その片岡さんが何を書いたかと言えば。本当に推理小説を書いた。いや、推理小説というか、探偵小説。主人公は意外にも男性。しかも外国人。名前はトム。わたしも読んだことがある『トム・ソーヤーの冒険』から付けたという。

「最初のクラブのあとにさ、考えてみたのよ。わたし、小説って何読んだことあるかなぁって。そしたら『トム・ソーヤーの冒険』を思いだした。昔ね、おばあちゃんが買ってくれたの。せっかく買ってくれたから読んだわけ。読んだことを忘れてたくらいだから内容も全部忘れてたんだけど。どんなだったかなぁってことで、こないだ図書室で借りたの。今回のこれの参考になるんじゃないかと思って。正直に言っちゃえば、どっかパクれるんじゃないかとも思って」

「読んで、どうだった?」

「おもしろかったよ。トムがバカっぽくて好き」

だから探偵の名前もトムにしたのだ。ジャックでもジョンでもよかったが、トム。でも秘書はベッキーではなく、ルーシー。片岡さん曰く。だって、そこまでやっちゃったら完全にパクりじゃん。

と、そんなことはともかく。

そう。秘書がいるのだ。何故か金髪。片岡さん曰く。だって、私立探偵って金髪の秘書とかいそうじゃん。

そして作品で一番すごいのはここ。何と、事件が起こらないのだ。

探偵が出てくるからつい探偵小説と言ってしまったが。推理小説ではない。探偵は推理しない。金髪の秘書と二人、事務所で、暇だなぁ、暇ですねぇ、としゃべっているだけ。アメリカ人なのでコーラを飲んだりしているだけ。アメリカ人なのにとんがりコーンを食べたりしているだけ。そのとんがりコーンを二人して指にはめて食べ、何かこうしちゃうよなぁ、しちゃいますねぇ、としゃべったりもするだけ。

で、最後に探偵は言うのだ。原稿用紙五枚じゃ事件は起きないよな。

タイトルは、『トムは冒険しない』。本当にそうなのだ。片岡さんは本当にこれを番場先生に提出した。日常ってこういうことかなぁ、と思って。と言って。

この日のクラブで、番場先生は、予告していたとおり、生徒一人一人に感想を述べさせた。そして印象に残った作品も挙げさせた。

まずは一年生。A組からという順番だった。

A組の塩谷《しおたに》さんとB組の今江《いまえ》さんは、無難に、二日一部長の『ツバメ』を挙げた。

わたしの作品にも出てきたツバメ。でもこちらは現実的。家の軒先にできたツバメの巣を見守る家族の話だ。二日一部長の経験談だという。フンの被害がひどかったので、二日一家では、雛《ひな》が飛び立つのを待って巣を撤去したそうだ。

「ちょっと後悔したんですよね」と二日一部長は説明した。「そのままにしておけば来年もまた来てくれたんじゃないかと思って。シートを敷くとか、巣の下に木の板を付けるとか。ぼくらにもやりようはあったのかもしれません」

二日一部長。優しいのだ。

この『ツバメ』は確かによかった。さすが三年生。さすが部長。とわたしも感心した。

A組、B組、と来て、C組。片岡さんの番。

片岡さんなら自作『トムは冒険しない』を挙げたりすることもあるかと思ったが、さすがにそれはなかった。それ以上に意外なことを言った。

「わたしは綾瀬、じゃなくて米山さんの『空を飛んだカメ』がダントツで一番だと思います。もうムチャクチャおもしろくて、途中でゲラゲラ笑いました。甲羅にワインを載せて運ぶとか、大砲の弾に自分が乗ったまま発射されちゃうとか、亀、かわい過ぎ。酔っぱらいの王様もあれはあれでいそうだし。これ、ほんと、シリーズ化してほしいです」

あぁ、とわたしは思った。ほめられたことへのうれしさよりもあせりが先に来た。

それはダメだよ、片岡さん。わたしのが先輩たちのよりいいわけないじゃない。友だちだからひいきしたと思われるじゃない。それはちょっと、よくないじゃない。

「すごいな綾瀬って、ほんと、感心しました。綾瀬が本を出してくれたら、わたし、買います。図書室に置いてくれたら、わたし、借ります」

と、そんなことを片岡さんが言ったその次がD組のわたしの番。

やりづらいなぁ、と思いつつ、わたしは予定どおり二日一部長の『ツバメ』を挙げた。家族の優しい気持ちがごく自然に伝わってきました、と言った。経験談ではあるのかもしれませんけど、ちゃんと小説としてもおもしろかったです。

そうね、と番場先生も言ってくれた。掃除は自分がやるから巣は壊さないでほしいと両親にお願いした主人公。主体的に動いたところがとてもよかったです。

一年生の感想発表が終わり、それからは二年生、三年生、と続いた。

二年A組の森内副部長は、やはり二日一部長の『ツバメ』を挙げたが、二年B組ガールズは三人ともその森内副部長の『シュート』を挙げた。

試合の肝心なところでフリースローを外してしまうバスケ部員の話だ。これも実際にバスケ部員である森内副部長の経験談だという。二本を二本とも決めていれば逆転で勝つことができたのに、森内先輩が二本とも外したためにチームは負けてしまったのだそうだ。

確かに悪くはなかった。が、わたしに言わせれば、『ツバメ』のほうが上だ。

『シュート』は、ただシュートを外しただけ。そういうこともあると示しただけ。その先がなかった。

でも『ツバメ』には先があった。主人公は、家に入ってきた蛾やクモなどの虫をなるべく外へ逃がそうとするようになるのだ。ツバメは守って虫は退治する、それもどうなのかと思って。なるべく、というところがよかった。そこに作者である二日一先輩の人間味が表れていた。

そして最後も最後。三年D組の二日一部長が何を挙げたかと言えば。まさかのこれ。

「ぼくも片岡さんと同じで、米山さんの『空を飛んだカメ』がおもしろかったです。すごく楽しめました。亀のかわいさもそうですけど、ハンスの人間としての弱さが印象に残りました。王様に戦争をやめてほしいのに、仕えてはいる。というか、仕えざるを得ない。例えば将来会社で働くようになったらそういうこともあるんだろうなと思いました。今度父に訊いてみようとも思いました。そんなふうに、亀のことだけじゃなく人間のことも書けてたので、とてもよかったです。ただ。ツバメが襲われてしまったのは、ちょっと残念でしたけど」

その最後の言葉でみんなが笑った。場が和んだ。

二日一くんの言うとおりだと思います、と番場先生は言った。亀のこと以外にハンスのことも描いたことで、物語に深みが出ました。川にぽちゃんと落ちて終わるラストも素敵でした。

参った。深み、だ。そんなことまったく考えていなかった。ハンスは、王様以外に人をもう一人出そうと思って出しただけ。ぽちゃんは、テレビのバラエティ番組で石によじ登れなかった亀が水に落ちたあの感じがよくてラストに書いただけ。

二日一部長は、たぶん、わたしと片岡さんの立場を考えて、『空を飛んだカメ』を挙げてくれた。わたしと同じ一年生の片岡さん一人がほめたままではよくないと思ったのだ。わたしたちがほかの先輩たちから睨まれたらよくない、と。

だから、部長の自分もほめることでそうならないようにした。ということなのだと思う。二日一部長。やはり優しい人なのだ。部長に適した人なのだ。番場先生もそれを感じていたから部長に任命したのかもしれない。

その意味でも、二日一部長がそう言ってくれたのはすごくうれしかった。ただ、全員の発表が終わったときに初めて、片岡さんがほめてくれたのはもっとうれしかったことに気づいた。

この場で三年生の部長が一年生の作品を評価するより、一年生が同じ一年生の作品を評価するほうがずっと大変なのだ。片岡さんは無理せずそれをやった。『空を飛んだカメ』の王様が平和にあきたからよその国に戦争を仕掛けたのとはちがう。退屈だから二年生や三年生に戦争を仕掛けたわけではない。自分が思ったことを、ただ言ったのだ。

少なくともわたしにはそう聞こえた。聞いた瞬間は、あぁ、と思ってしまった。よくないとも思ってしまった。でも冷静に考えてみればそういうことだ。片岡さんはいつもの片岡さんとして動いた。ただそれだけ。

そして最後に番場先生が言った。

「みんな、小説を書いたのは初めてだと思うけど、よくがんばりました。二学期と三学期の第二作は十枚。次もがんばりましょう」

「死ぬ〜」とまた片岡さん。

「書いたけど死ななかったじゃない」と番場先生。

「十枚は今度こそ死ぬ〜」

「だいじょうぶ。十枚でも死にません」

「じゃあ、何枚なら死にますか？」

「何枚でも死にません。生徒が死んでしまうような課題を、先生は出しません。はい。じゃあ、これで一学期の創作文クラブは終了。みんな、期末テストがんばって」

二年B組の教室から出ると、いつものように、片岡さんと二人、一年生の教室に戻る。

階段を下りながら、片岡さんが言う。

「先生があんなこと言うから思いだしちゃった。来週はもうテスト期間かぁ」

「わたしは部活をやってないから特に変わらないけどね」

「わたしもそうだけど。でもやっぱ変わるじゃん。気は重いよ。勉強はしないのに」

「しなよ、勉強」

「いや、しないでしょ。一人で勉強なんてしないよ」

「いや、するでしょ。しなきゃ点取れないじゃない」

「おぉ。さすが綾瀬」

「さすがじゃないよ。普通だよ。テスト期間は勉強するのが普通。もしかして、片岡さん、しなくても点取れるタイプ？」

「そうであればよかったけどね。わたし、中間テスト、百四十番台」

一年生は四クラス。全部で百五十何人だ。

「綾瀬は？」と訊かれ、言いにくいなぁ、と思いつつ、言う。「十二番」

「すごっ。もう一回言うけど、さすが綾瀬。やっぱちがうわ」

「ちがわないよ。勉強したからだよ」

「っていうそれがすごい」階段の踊り場に立ち止まり、片岡さんは言う。「普通さ、そういうのは隠すじゃん。全然勉強してないとか言うのよ。なのに勉強したって言えちゃうのはすごい」

「勉強したってこと自体を言いたいわけじゃないよ。わたしは勉強しなくてもできちゃう人ではないってことを言いたいの」

「そんなこと別に言わなくていいよ。勉強したとかしないとか関係ない。十二番なんだから、ただ普通にすごい。小説だってすごかったじゃん。部長はああ言ってたけど、結局、綾瀬が一番。みんながいいって言ったのを書いた部長自身が、綾瀬のやつがいいって認めたんだから」

「部長と片岡さんがいいって言ってくれただけだよ」

「わたしはともかく、部長が認めたんだからすごいって。ほかにも何人かはいいと思ってたはずだよ。綾瀬が一年だからそうは言いづらかっただけ」そして片岡さんはこう続ける。「それにしても。三田に宮田に田上だよ」

「え？」

「そろいもそろって、何、森内先輩をひいきしてんのよ。わたしは綾瀬のが一番だと本気で思ったけど、あの三人は同じ二年をひいきしてただけじゃん。田上なんてべたぼめしちゃってるしさ。あれはもう完全に森内先輩のこと好きって言っちゃってるよね。森内先輩のやつなら二日一部長のやつのほうがおもしろかった。で、その二つよりも綾瀬のカメのほうが絶対おもしろかった。あいつら、森内先輩がイケメンだからって、何、やられちゃってんのよ」

それを聞いて、わたしはつい笑う。

「何？」と片岡さん。

「ひいきのことはいいけど。片岡さんも森内先輩がイケメンだってことは認めるんだなと思って」

「そりゃ認めるよ。だって、イケメンじゃん。イケメンだからってひいきすんなと言ってるだけ。イケメンなのは森内先輩の罪じゃないよ。周りがそれに振りまわされんなってこと。イケメンだからってイケメン以外のとこを変に持ち上げんなってこと。まあ、森内先輩があの顔で綾瀬のあの話を書いてきたら、わたしも惚れちゃうかもしんないけど」

「あの顔でって」

「でもそうじゃないから惚れないよ。あ、そういや、森内先輩って、中学からここなんだってね」

「ここって、船橋？」

「そう。こないだ本人から聞いた。お父さんの仕事の都合で仙台から引っ越してきたんだって。転校生だったの」

「じゃあ。わたしと同じだ。わたしは小二の終わりからだけど」

「わたしとも同じ」

「え、片岡さんはずっと船橋でしょ？　船橋で生まれたって言ってたよね？」

「生まれたのは船橋だけど、ずっといたわけじゃないよ。三年と四年のときは東京のあきる野市ってとこにいた。おばあちゃんに預けられてたの。知ってる？　あきる野市」

「聞いたことはあるような」

「東京は東京なんだけどさ、ずーっと西で、ここよりも田舎。わたしが住んでたのはまだ町のほうだけど。でも電車、単線だったからね。線路が一本しかないの。ちょっと行くと渓谷とかあるし。秋川渓谷。あと、東京サマーランドもある」

「へぇ。で、片岡さん、おばあちゃんに預けられてた、の？」

「そうだよ。その二年はおばあちゃんと二人で暮らしてた。お父さんとお母さんの仲が悪くなっちゃって。もう毎日ケンカしてたし。それも結構なケンカね。よく離婚までいかなかったよ。そうさせないためにおばあちゃんはわたしを預かったんだと思う」

「お父さんとお母さんが二人だけになったら、余計仲が悪くなっちゃうんじゃない？」

「お母さんも一度は家を出たみたい」

「そうなんだ」

「うん。わたしがいたら大変てことだったんでしょ。お父さんは仕事をやめたり何だりでいろいろあったし、お母さんも一人になるなら仕事をしなきゃいけないし」

「今は、一緒に住んでるんだよね？　三人で」

「うん。たまにはケンカもするけどね。前にくらべれば、全然。またヤバくなったらわたしがグレるかも。いや、でもあれか、グレた女子が創作文クラブに入ってたらカッコ悪いか」

「何か、ごめんね」

「何が？」

「変なこと訊いちゃって」

「いいよ。隠す気もないし」

「ないの？」

「ないよ。だって、ほんとのことだし。自分からわざわざ言いはしないけど、隠すのもめんどくさいよ」

わたしならまちがいなく隠す。隠そうとするまでもない。自然と隠してしまうだろう。

「あぁ」と片岡さんが言う。「何にしても、終わってよかった。まさか自分が小説を書くとはね。いや、書けてないか。書けてたのは綾瀬と部長ぐらいで」

「そんなことないよ。片岡さんのあれ、わたしはおもしろかったし」

「おぉ。と喜びたいとこだけど。綾瀬、それはひいきだよ。わたし、ひいきされたくない」

「ひいきじゃない。ほんとにおもしろいと思ったよ。最後、原稿用紙五枚じゃ事件は起きないよなっていうのとか、すごくおもしろいアイデアだと思った」

「ただの言い訳だよ。ちゃんと書けなかったことの言い訳。二学期三学期はあの倍書かなきゃいけないのかぁ。十枚じゃ、事件は起きちゃうよ」

「それを書いてよ。わたし読みたい」

「無理。思いつかないよ。先生がいないから言うけど。絶対死ぬ。余裕で死ぬね」

「ダメだよ、死んじゃ。片岡さん、それ言いすぎ。冗談でも死ぬとか言っちゃダメなの」

片岡さんはちょっと驚いたような顔でわたしを見て、笑う。そして言う。

「でも、まあ、あれだ。ジャンケンで三回負けてよかったよ」

「何で？」

「決まってるじゃん。綾瀬と知り合えたから。すげ〜。わたし、未来の作家と友だちになったと思ったもん」

「作家になんてなれないよ」

「いや、なれるでしょ。たぶん、綾瀬はあれなんだよ。えーと、ほら、何だっけ。そう。原石」

「ダイヤの？」

「あ、自分で言った」

「って、言わせたんじゃない」

「だから磨けば光んのよ。なら磨きなよ、綾瀬」

「何それ」

と言いながらも、うれしかった。未来の作家とか原石とかがじゃなく、友だち、が。未来の作家と友だちになった、の、友だち、のほうが。

「ねぇ、片岡さん」とわたしは言う。

「もういい加減、泉でいいよ。みんなそう呼ぶし」

「あぁ」

結城志麻を志麻と呼ぶのには二年かかった。片岡さんを泉と呼べるのなら、かかったのは二ヵ月半。

そうできるのは、わたしが成長したからではない。相手が片岡さんだからだ。

「ねぇ、泉」とわたしは言い直す。

「ん?」

「一人じゃしないなら、ウチで一緒に勉強する?」

二〇〇三年　柴原修太　十四歳

「ちょっと、修《しゅう》くん、何なのよ」と電話で泉ちゃんが言う。「泉の森っていうのがあるじゃない」

「何？」

「泉の森っていうのがあるんでしょ？　修くんちの近くに」

「あぁ。近くというか、ちょっと遠いよ。歩いては行けない。いや、行けないことはないかもしれないけど。四十五分とか、かかるかな」

「でも同じ大和《やまと》市でしょ？　電車では行けるんでしょ？」

「そりゃ電車なら、行けるよね。江の島だって行けるわけだし」

「何駅？　そこまで」

「二駅だね。隣の隣」

「じゃ、やっぱ近いじゃない。行こ」

「え？」

「泉の森。案内してよ」

「行くの？」

「行くよ。だって、わたしの名前、何よ」

「泉、ちゃん」

「だったら行くでしょ」

「だったらって」

「まず初めにさ、ウチの近くにそういうのがありますって言っといてよ」

「いや、だから、近くはないし」

「電車で二駅なら近いよ。もう何回も修くんちに遊びに行ってんのに、わたし、初めて知ったからね。そういうのがあるって」

「まあ、そうだろうね。ただの公園で、別に有名なとこではないし。座間《ざま》市とか海老名《えびな》市とか綾瀬市とかの人なら知ってるかもしれないけど。あとは、横浜市でも瀬谷《せや》区の人とか泉区の人とか」

「はい、出た。泉区。それもあるんじゃない」

「あるけど」

「そっちはまた今度行こ。今回は泉の森。でさ」

「うん」

「何、綾瀬っていうのもあるの?」

「あるよ。綾瀬市」

「すごい。綾瀬に泉。わたしに縁のあるとこがいっぱい」

「泉の森と泉区はわかるけど、綾瀬は何?」

「中学んときの友だち」

「へぇ」

「高校はちがうけどね。綾瀬は頭のいい学校に行った。将来は作家になるかも」

「そうなの？」

「わかんないけど。なってもおかしくない。で、とにかくさ、いとこの名前が泉で、近くに泉の森っていうのがあったら、普通、言わない？」

「言う、かなぁ。公園の名前がそれってだけだし。ぼくも、小学校の遠足で行ったことがあるくらい。ほんとにただの公園だよ」

「地図で見たけど、広いんでしょ？」

「広いことは広いよ。遠足で行くぐらいだから。でも特に何があるわけじゃないよ。キャンプ場があるけど、泊まれはしないみたいだし。乗物とかそういうのはない。泉ちゃんのほうの葛《か》西臨《さい》海公園みたいに観覧車があったりはしないよ。タダで入れるただの公園」

「タダ。いいじゃない。行こ」

「ほんとに？」

「ほんとに」

「じゃあ、来る？」

「行く」

「いつ？」

「ほら、今度、文化の日があるでしょ？　日、月と休みじゃない。だからその日曜かな」

大好きだし。


「泊まる？」

「うん。叔父さんと叔母さんがよければ」

父善英と母亜砂子《あさこ》がダメと言うことはない。二人とも泉ちゃんが好きだし。正確に言えば、で。


泉ちゃんは泉ちゃんで、何というか、ぼくを好きすぎる。自分で言うのも何だが、ぼくのことを大好きすぎる。

ぼくが自惚《うぬぼ》れてるわけではないと思う。客観的事実。誰が見てもそう感じるはず。

何だか知らないが、泉ちゃんはとにかくぼくのことが好きなのだ。もちろん、いとこだからではあるだろう。何なら、理由はそれだけだろう。だからこそぼく自身は、血のつながりはすごい、と思ってしまう。

ぼくのことが好きだから、泉ちゃんはぼくの家に来たがる。何かと理由をつけては、来る。この泉の森のことだって、そう。まちがいなく、ただの口実だ。ウチに遊びに来るための口実。

修太《しゅうた》の森という名前の公園があっても、ぼくはわざわざ行ったりしない。

いや、つい勢いで言ってしまったが。修太の森、があればさすがに行ってみたくなるかもしれない。でもそれは修太が明らかに人名だからだ。泉の森の泉はちがう。泉という人名ではなく、泉という名詞。地下水が自然に地上に湧き出るところ、の意味の泉だ。

まあ、そんなことは泉ちゃん自身わかってる。いくら泉ちゃんだって、わたしをモデルにした森なのね、とは思わないだろう。ただ、それでも。地図で泉の森を見つけたときは、やった！と思ったはずだ。これでまた修くんちに行ける、と。

泉ちゃんは千葉県の船橋市に住んでる。最寄駅は京成本線の駅だが、東京に出るときはＪＲの船橋駅か南船橋駅をつかう。ただし、どちらも歩いて二十分かかるらしい。二十分て人が歩く距離じゃないよね、と泉ちゃんは言ってる。

船橋からここ大和市の中央林間《ちゅうおうりんかん》までは電車で一時間半以上かかる。千葉→東京→神奈川、だからそうなるだろう。一つの都道府県である東京都を横断すると考えれば、むしろ早いくらいだ。狭い東京だからそれですむのだと思う。

片道一時間半以上。駅まで二十分近く歩くのなら、ほぼ二時間。それでも泉ちゃんは年二回、いや、三、四回来る。

また、ぼくの父と母もすぐ呼ぶのだ。泉ちゃんがいれば楽しいからと。例えば母は、泉ちゃんが修太のほんとのお姉ちゃんならよかったのにねぇ、なんてことまで言う。親がそれ言うかな、とぼくはいつも思う。それはぼく自身が言うことでしょ、と。

これも例えばの話。例えばであってもこんな話をしちゃいけないのはわかってるが。例えば泉ちゃんの両親、時久《ときひさ》伯父さんと津弥子伯母さんが事故でいちどきに亡くなったりしたら。ウチの両親は少しも迷わずに泉ちゃんを引きとるはずだ。本当にぼくの姉として育てるだろう。泉ちゃんはもう高二だが、それでも初めからウチの子だったみたいな感じで受け入れ、大学にも行かせるだろう。

まあ、叔父叔母ならそうするのは普通かもしれない。そのあたりはよくわからない。でも少しはためらいというか、葛藤みたいなものも生まれるだろう。ウチはない。すんなりいく。泉ちゃんはすんなりぼくの姉になり、ぼくもすんなり受け入れる。今日から姉なんでよろしく、みたいなことを泉ちゃんが言い、あぁ、うん、みたいなことをぼくが言う。そんな光景が見える。

泉ちゃんはウチによく来るが、ぼくが泉ちゃんの家に行くことはない。泉ちゃんが住んでるのはマンションで、そんなに広くはないからだ。

確か2LDK。家族三人でちょうど。ぼくが行っても、泊まれる部屋はない。下手をすれば、泉ちゃんの部屋で寝ることになってしまう。泉ちゃんはそれでいいと言うかもしれないが、さすがにぼくが無理。だから行かない。

泉ちゃんが小学生のころは、伯父さんと伯母さんも一緒にウチに来た。でも泉ちゃんが中学に上がってからは、泉ちゃんが一人で来るようになった。

だからぼくは伯父さんと伯母さんにはもう何年も会ってない。数えてみたら、五年。五年前、ぼくは小三。そう考えると、最後に会ったのはかなり前だ。二人ともぼくに会いたいとは言ってくれてるらしい。でも実際に会う機会はなかなかない。

伯父さんと伯母さんに連れられてウチに遊びに来てたその何年か前、泉ちゃんはあきる野のおばあちゃんの家で暮らしてた。伯父さんと伯母さんの仲が悪くなり、おばあちゃんが泉ちゃんを預かったのだ。

おばあちゃんはその前から一人暮らし。おじいちゃんはもう亡くなってた。亡くなってすぐにぼくが生まれたのだ。残念ながら少しも重なってないという。だからぼくはおじいちゃんを知らない。

それは泉ちゃんも同じだ。三歳のときに亡くなってるから、泉ちゃんもおじいちゃんを覚えてない。話してみたかったたなぁ、とよく言ってる。泉ちゃんならおじいちゃんにかわいがられただろうなぁ、とぼくも思う。

ぼくのとこからおばあちゃんのとこまでは車で一時間ぐらいで行ける。船橋よりはそちらのほうが近い。

小学生のときはぼくも何度も遊びに行った。東京サマーランドに連れてってもらったこともあるし、もっと奥の秋川渓谷に連れてってもらったこともある。

渓谷までは電車が通ってないので、ＪＲの武蔵五日市駅からはバスで行った。渓谷は思った以上に渓谷だった。自然！　としか言いようがなかった。山梨県に近いらしいが、そこも東京都だと聞いて驚いた。サマーランド以上に東京感はなかった。

でもぼくがおばあちゃんの家に行ったのは、小学二年生のとき以降。泉ちゃんが一緒に住んでたときは行かなかった。ぼくまで行ったらおばあちゃんが大変だからと、父と母が気をつかってたらしい。

ともかく。泉ちゃんはよくウチに来る。来るたびに、修くんは一戸建てに住めていいなぁ、と言う。実際、ウチは３ＬＤＫの一戸建てだから、泉ちゃんも泊まれる。ぼくの部屋でないほうの二階の部屋はもう泉ちゃんの部屋みたいになってる。

ウチには、一応、庭もある。そこで犬を飼ってる。

ぼくが小四のときに飼いたいと言った。父は初め渋ったが、修太が自分で散歩をさせるならいい、と最後には言った。犬は生きてるんだからな。散歩は毎日行くんだぞ。大雨の日なんかはしかたないけど、それ以外は毎日。夏は暑いし、冬は寒い。それでも毎日だ。できるか？

うん。と言ってしまった。さすがにそこで、じゃあ、やめときます、と言う小四はいない。

散歩は今も毎日してる。ウチはちゃんとやるほうだと思う。朝は母で、夕方はぼく。二回やる。土日には健康のために父がやることもある。

犬を飼うことが決まると、じゃあ、何犬にするかという話になった。柴原だから柴犬にしよう、と父が言った。母もぼくも反対しなかったので、本当に柴犬を飼うことになった。

で、和風の名前がいいな、とこれまた父が言い、これまた母もぼくも反対しなかった。とはいえ、それは簡単には決まらず、熟考の末、和になった。和風も何もない。和。そのまま。それは母が言いだした。じゃあ、和風の和でいいんじゃない？ 読みをかずと決めたのはぼくだ。母は、なごむ、を考えてたらしいが、呼びやすいからかずにしようよ、とぼくが言った。

和は今、四歳。人間で言うと、三十二歳ぐらいらしい。お前、三十二歳がそんなに走りたがるなよ、と言いたくなるぐらい走りたがる。こちらからの、お手、には応じないくせに、全速力でのランは求めてくる。父や母には求めないようだが、ぼくには求めてくる。人を見てるというか、飼主をランク付けしてるのだ。

日々のご飯を用意してくれる母が二位なのはわかる。一位でもいいぐらいだ。でも休みの日にしか散歩をしない父が一位で毎日するぼくが三位はおかしい。いや、ぼくは四位だ。和はぼくを自分より下に見てる。

そんなだから、散歩は大変だ。いつも、隣の相模原《さがみはら》市にある公園まで行く。そこで、走りまわる。リードを付けた和と一緒に、ぼくも全速力で走る。

泉ちゃんが来たら一緒に散歩をするが、そんなときは和も走らない。やはり人を見てるのだ。泉ちゃんをお客さん扱いする。いや、そうではなくて。ぼくに対する泉ちゃんの態度を見て、この人のほうが上、ボスはこちら、と判断するのかもしれない。その判断は正しい。ボスは泉ちゃん。まちがいない。

泉ちゃん自身、和のことはとても好きだ。ぼくのことも好きだが、和のことも好き。会うたびに、両手で首から下あごの辺りをワシャワシャやる。和も黙ってやられてる。

今回は泉の森をつかったが、遊びに来るための適当な理由が見つからないときは、泉ちゃんはこの和をつかう。和に会いに行くよ、と言うのだ。それで通るのだから、別に泉の森を持ちだす必要もない。何でもありなのだ。何でもありで、いつでもあり。来たくなったら、泉ちゃんは来る。

初めて泉ちゃんと会ったのは、ぼくが幼稚園児のころだ。母や泉ちゃんによれば赤ん坊時代も会ってるらしいが、記憶として残ってるのは、その幼稚園時代。

泉ちゃんはぼくより三歳上。ぼくが幼稚園の年少のときに小一。そのころからもう、ぼくのことをかわいいかわいい言ってた。自分も小一で、たぶん、ぼくよりもずっとかわいかったはずなのにだ。

泉ちゃんはぼくをギュ～ッと抱きしめ、はっぺにチュウをした。左右どっちにもした。何度もした。散歩をするときはいつも手をつないだ。そのつないだ手にチュウをしたりもした。そんなふうに、ぼくをまさに猫かわいがりした。いや、猫というよりは犬。和をワシャワシャやるあの感じに近い。そこまでやると猫は逃げてしまうだろうが、和やぼくは逃げない。

その猫かわいがりあらため犬かわいがりは結構長く続いた。今も、まあ、続いてるといえば続いてる。

ぼくが小学生で泉ちゃんが中学生のころでもまだギュ〜ッと抱きしめてきたし、ほっぺにチュウもした。二人でいるときだけではない。ぼくの父と母の前でも普通にしてた。それを自然にやれるのが泉ちゃんなのだ。

何ヵ月かぶりにぼくと会うと、泉ちゃんは、会えた〜、という感じに両手を広げる。ほら、わたしの胸に飛びこんでおいで、みたいになる。

もちろん、ぼくは飛びこまない。ぼくがそれをしなくても、泉ちゃんは自分から寄ってくる。そしてぼくを抱きしめて、チュウ。

泉ちゃんがそうだから、ぼくは小学生のころ、世の歳上いとこ女子はみんなそうなのだと思ってた。姉や妹は家族だからそんなことはしないが、いとこはする。そこまで関係が近くはないからこそする。そんなふうに思ってた。

どうやらちがうようだぞ、と気づいたのは、ぼく自身が中学に上がる少し前ぐらいだ。

いとことは全然しゃべんないよ、と友だちが言うのを聞いて、へぇ、そうなんだ、と思った。変わってるな、と。でもその場にいたもう一人の友だちも言った。おれもだよ。歳もちがうし、女だし。何しゃべっていいかわかんないんだよね。

それを機に、ほかの友だち何人かにも訊きまわってみた。ついでにクラスの女子何人かにも訊いてみた。

全然しゃべんない、が普通。ということはなかったが。そんなには会わない、そんなには親しくない、も普通だということがわかった。抱きしめたりはしない。チュウもしない。それは普通というか常識であることがわかった。抱きしめること自体が、まずない。チュウに関してはあり得ない。そんな感じらしい。

あぶなかった、とぼくは密かに思った。抱きしめるのはしかたないけど、チュウはしなくてもいいよな、なんて自分から言わなくてよかった。

まあ、考えてみたら、そんなことをするのは泉ちゃんだけ。事実、母方、安保《あんぼ》方のいとこにそんな人はいない。頻繁に会ういとこは泉ちゃん一人だから、ぼくは勘ちがいをしてしまったのだ。

今はもう泉ちゃんもチュウはしてこない。でも抱きしめてはくる。それは普通にしてくる。昔からそうだから、ぼくもそれは拒まない。実際、いやでもない。

中学生になってぼくが少し変わったことに気づいたのか、去年、泉ちゃんは言った。抱きしめてきたときに、耳もとで。

一人っ子だからさ、やっぱこうしちゃうんだよね。修くんが弟ならしないけど。

ぼくがではなく、泉ちゃん自身が一人っ子だから、ということだ。

でも、とそのときぼくは思った。泉ちゃんなら弟にもしそうだよな、と。

それは今でもそう思う。

何だろう。泉ちゃんは、好き、が強すぎるのだ。

そんな泉ちゃんを、ぼくも好きは好きなのだが。

で、今日も抱きしめスタート。

午前十一時に東急田園都市線中央林間駅の中央口改札で待ち合わせ、そこでまず抱きしめられた。

電車到着の時間はわかってたので、ぼくはその少し前に行った。やってきた泉ちゃんは、改札の外にいるぼくにすぐ気づき、例によって両手を広げて近寄ってきた。

ぼくはそのまま立ってるだけ。

泉ちゃんが歩いてきて。

「大きくなったじゃん」と言って、ギュッ。

チュウはないが、頰と頰が触れはする。抱きしめてるのだから、まあ、そうなる。

シャンプーなのか何なのか、女子のいい匂いがする。この匂いは、会うたびに、よりいい匂いになる。

「前会ってからまだ三ヵ月だよ」とぼくは言う。

三ヵ月前、夏休みにも泉ちゃんは遊びに来たのだ。そのときの理由はこれ。夏休みだから。和を持ちだすまでもなかった。

「三ヵ月あれば育つでしょ。中学生が三ヵ月変わらなかったらヤバいよ」

泉ちゃんにそう言われると、確かにそんな気もしてくる。十三歳から十四歳で、身長は六センチぐらい伸びるらしい。ということは、三ヵ月前のぼくは今より一・五センチぐらい背が低かったはずなのだ。一・五センチの差は大きい。

実際、小学生のころと今では、泉ちゃんに抱きしめられたときの感覚もちがう。前は、泉ちゃんが屈《かが》んでくる感じ、ぼくが包まれる感じ、があったが、今はもうその感じはない。それどころか、ぼくは百六十三センチ。泉ちゃんより少し背が高くなってる。三ヵ月前で同じぐらいだったのかもしれない。

「修くんが大きくなるのはいいけど、ひげボーボーになるのはいやだなぁ」

「ひげボーボーにはならないよ」

「なるでしょ。もうちょっとしたら」

「生えてはくるだろうけど、ボーボーにはしないよ。ちゃんと剃るよ」

「剃ってザリザリになるのもいや」

「そこまでは知らないよ。というか、それはしかたないよ」

「そうなったら修くん、脱毛とかすれば？」

「いやだよ。ひげは、生えるものでしょ」

「まあ、あれか。ひげが似合う男も悪くないか。修くん、生えてきたらそうなってね」

めんどくさいので、こう言ってすませる。

「なるよ」

泉ちゃんは一度離れてぼくの顔を見る。

「あ、今、めんどくさいと思ったでしょ」

そう言って笑い、再び抱きしめてくる。ギュ～ッと。

それでやっと再会の抱きしめは終了。

「で、どっち？」と泉ちゃんが言い、

「こっち」とぼくが案内する。

歩いてすぐのとこにある小田急江ノ島線の南口改札に二人で向かう。

一瞬外に出るが、細い道を一本渡るだけ。本当にすぐだ。

「はい」とそこで泉ちゃんにキップを渡す。

「ん？　あぁ、買っといてくれたの？」

「うん。お母さんがそうしろって言うから」

母がぼくにお金を渡し、そうしなさいと言ったのだ。泉ちゃんにお金をつかわせないように、だから修太は早めに家を出てキップを買っておくように、と。

「さすが叔母さん。わたしは大きくなっても無理だなぁ。そこまでは気が利かないよ。で、叔母さんみたいな人からはさ、ちゃんと修くんみたいな子が生まれるんだね」

「ぼくも気は利かないよ」

「そんなことないよ。こうやってデートしてくれるんだから」

改札を通って階段を上り、ホームへ。

快速急行を一本やり過ごし、各駅停車を待つ。

「ここはさぁ、渋谷からも遠いよね」と泉ちゃん。

「終点だからね」とぼく。

「でも田園都市線だと渋谷の先まで行けるんだよね？」

「うん。今年から押上《おしあげ》ってとこまで行けるようになった。渋谷から地下鉄の半蔵門線直通で」

「押上って、どの辺？」

「墨田区だって」

「へぇ」

「今はさ、行こうと思えば、東武動物公園にも一本で行けるよ」

「東武動物公園、は聞いたことあるけど、それはどこ？」

「埼玉県らしいよ」

「修くんは行ったことある？」

「ない」

「東武動物公園て、何がいるの？」

「よくわかんないけど。まあ、何か、動物でしょ」

「パンダいる？」

「パンダはいないんじゃないかな。そもそも、そんなにたくさんはいないでしょ。上野と神戸と和歌山、くらいじゃなかった？」

「和歌山にいるの？」

「確か」

「東武動物公園にはいない？」

「うん」

「じゃ、象いる？　象」

「それぐらいは、たぶん、いるよね」

「ならいいか」

「象、好きなの？」

「普通。でも、ほら、ああいうデカい子たちがいてくれたら、動物園！　て感じがするじゃない。あと、ライオンと虎はいてほしいね。こわっ！　とも思いたいから。カピバラとかゴマフアザラシの赤ちゃんとかもいてほしいかな。何か、モフモフはしててほしい」

「あそこは遊園地もあるしね」

「そうなの？」

「うん。東武動物公園ていう名前だけど、遊園地もある」

「ジェットコースターとかもある？」

「あるよ。乗物、結構いっぱいあるはず」

「知らなかった。東京サマーランドみたいなものなんだ」

「うん。あっちは遊園地とプールだけど、そっちは動物園と遊園地とプール」

「じゃ、今度行こ」

「いいよ、行かなくて」

「何でよ」

「だって、確か急行でも二時間とかかかるし」

「でも一本で行けるんでしょ？」

「そうだけど。片道二時間は長いよ」

「わたしも片道二時間かけてここまで来てますけど」

「でも泉ちゃんはあれでしょ」

「あれとは？」

「来たくて来てる、でしょ？」

「そう。だから東武動物公園にも行きたいって言ってんの」

そこでぼくは代わりの案を思いつく。

「だったら、東京ドームのとこの遊園地でいいじゃん」

「後楽園ゆうえんち？」

「うん。でもそれ、こないだ名前が変わったよね？」

「え？　もう後楽園ゆうえんちじゃないの？」

「そう。東京ドームシティ　アトラクションズ、になった」

「いつから？」

「それも今年だと思うよ。四月とか」

「じゃ、そこ行こ。改名記念に。どう変わったのか見に行かなきゃ」

「いや、別に行かなくても」

「わたしさ、昔、おばあちゃんに預けられてたじゃない」と泉ちゃんはいきなり言う。「小三と小四のとき」

「あぁ。うん」

「二年経って、お父さんとお母さんが迎えに来てくれて。船橋に帰るときにさ、後楽園ゆうえんちに寄ったのよ。中央線からわざわざ総武線の各駅停車に乗り換えて。水道橋で降りて」

「そうなんだ」

「そう。わたしが行きたいって言ったの。何か、そのまま家に帰るのも気詰まりな感じがしたから。でもそしたらまちがえて観覧車とかに乗っちゃって。余計気詰まりになっちゃって。あわててジェットコースターに乗ったのを覚えてるよ。それで、無理やりワーキャー言ったのはわたし一人だけど。そのときとどう変わったのか、見てみたいよ」

「行くのはいいけど。東京ドームのあそこに動物はいないよ」

「いいこと思いついた。上野動物園とセットで行っちゃおう。上野ならパンダいるし。水道橋のあそことも近いし。ここからも近いんだから最高じゃん」

「近くはないけどね」

「東武動物公園にくらべれば近いでしょ。電車一本で行けなくてもいいよ。何度でも乗り換えちゃお」

「話、まるっきり変わっちゃったよ」

でもそれが泉ちゃんだ。泉ちゃんはいつも動いてる。その動きは予測できない。何だかUFOみたいだ。宇宙人感も少しある。それでいて、人間感はもっと強いが。

「修くんが水道橋まで来てくれればわたしも楽。あの辺りならわたしのほうが近いかもね」

まちがいなく、泉ちゃんのほうが近い。小学生のとき、父と一緒に秋葉原に行った。誕生日プレゼントにもらうゲームソフトを買いに行ったのだ。結構遠かった。上野や水道橋はその秋葉原に近いはず。

「何にしてもさ」と泉ちゃんが言う。「ここから埼玉まで一本で行けるのはすごいね。だったら船橋にも一本で行けるようにしてほしい」

「そうする必要がないってことなんじゃない？」

「わたしには必要だよ」

「泉ちゃんだけなんでしょ、必要なのは」

「同じ東武の東武野田線にも船橋駅があるんだから、そのもの東武船橋線とかもつくってほしいよ。で、田園都市線とつなげちゃってほしい、船橋の一つ先に船橋泉駅もつくってほしい」

「その名前なの？　駅」

「そう。わたし用だから。そこが始発。で、船橋を通って、中央林間に行く。ノンストップでいいよ。新幹線ばりに速くしてほしい」

「船橋から中央林間に行く人、そんなにいるかなぁ」

「いないときは運休でもいいよ」

「いるとかいないとか、わかんないじゃん」

「東武の人が前もってわたしに訊くの。次はいつ修くんちに行きますか？　って」

「東武の人が修くんて言うの？」

「そう」

「そうって」

「ここも船橋からもうちょっと近ければいいのになぁ」

「泉ちゃんがもうちょっと近くに住めばいいんだよ」

「うん。そうだね。わたし、働くようになったら東京に住むよ。和の散歩当番にも入れるくらい近くに住もうかな。ギリ東京の二子玉川《ふたこたまがわ》とか」

「あそこはまだ遠いよ。ここまで急行でも三十分かかるし」

「じゃあ、当番には入れないか」

「泉ちゃんが就職するころはもう和も十歳とかでおっさんだから、散歩もそんなにはしたがらないかも」

「今、四歳だよね？　和」

「うん」

「じゃあ、わたしが就職するときは十歳じゃない。六歳だよ」

「え？」

「わたし、大学には行かないから」

「そうなの？」

「うん。修くんみたいに頭よくないし、ウチはそんなにお金もないから、大学には行かない」

それは初めて聞いた。泉ちゃんは普通に大学に行くものと思ってた。

「別にね、行きたくもないのよ。法学とか経済学とかよくわかんないし」

「でも文学部とかもあるよね」

「文学！　無理無理無理。わたしさ、中学のとき、創作文クラブっていうのに入ってたのね。そこで小説を書かされたことがあんの。いやぁ、あれはひどかった。わたし、探偵小説とか書いちやってたし」

「それって、文芸部みたいなもの？」

「ちがうちがう。授業としてやるクラブ。必修クラブとかいうのかな。部活とは別。全員が何かしらのクラブに入る。って、修くんもやってるでしょ？」

「やってないよ」

「水曜の六時間目、ではないのかもしれないけど。そういうの、ない？　バドミントンクラブとかソフトボールクラブとか、お手玉クラブとかかるたクラブとか」

「ないよ」

「神奈川だから？」

「さあ」

「でもそんなことないよね。なくなったのかな」

「そうなんじゃない？　で、何、泉ちゃんはその創作文クラブだったの？」

「そう。小説なんて読んだことないのに小説を書かされたわけ。自分にはそんな才能がかけらもないことがわかったよ。特に、すごくおもしろいのを書いた友だちがいたから」

「へぇ」

「それがさっき言った綾瀬。名字がじゃなくて、下の名前が綾瀬。その綾瀬がね、『空を飛んだカメ』って話を書いたの。カメはカタカナ。童話みたいなのだったけど、すごくおもしろかった。才能ってこういうことか、と思ったよ」

「亀が空を飛ぶの？」

「そう。大砲の弾に乗って。戦争してる相手の国に、その弾と一緒に撃ちこまれちゃうの」

「童話じゃないじゃん」

「あと、王様のもとにワインを運んだり」

「亀が？」

「亀が」

「どうやって？」

「甲羅にワイングラスを載せて」

「いや、無理があるでしょ」

「無理はないの。読めば何か納得しちゃうの。中一であんなのを書いたんだからすごいよ。そういうのを見せられちゃってるから、わたしは文学なんて絶対無理。見せられてなくても無理」

「じゃあ、理系は？」

「もっと無理。高校の数学、一つもわかんないし。中学でもうわかんなかったし。したくもないのに無理やり勉強するくらいなら、わたし、働きたいよ。勉強で四年も無駄にするのはもったいない」

「無駄ではないでしょ」

「うん。修くんには無駄じゃない。でもわたしには無駄」と泉ちゃんは言いきる。「だってさ、四年間お金を稼げないんだよ。そのうえお金をとられちゃうんだよ、学費で」

「でも大学を出たほうが、給料はいいんだよね？」

「って言うけど。わかんないよ、そんなの。わたしのお父さんみたいに会社をやめちゃうかもしれないし。二度も三度もやめたら、そのうち大卒とか関係なくなるでしょ。なのにその肩書をもらうために大学に行こうとは思わないかな」

そんなふうに考える人もいるのか、と思う。

ぼくの周りにいるのは、大学に行くつもりの人がほとんどだ。短大や専門学校に行くつもりの人もいる。進学しない人のほうが、たぶん、少ない。そういう人は、何らかの事情で行きたくても行けないのだと思ってた。それこそ学費がないとか、学力が足りないとか。

なかにはこんな人もいるのだ。泉ちゃんみたいな人も。

やってきた小田急江ノ島線の各駅停車に乗る。

乗ったら乗ったで、泉ちゃんは言う。

「また江の島にも行こうね」

「うん」

「いいなぁ。修くんは江の島が近くて」

「近くないよ。三十分はかかる」

「そんなにかかったっけ」

「かかるよ。泉ちゃんだって、東京ディズニーランドが近いじゃん。そっちのほうがうらやましいよ。三十分もかからないよね？」

「うん。電車に乗るのは十五分ぐらいかな。でもそんなには行かないよ。江の島みたいにタダじゃないもん。だけど、修くんが来るなら行くよ。来る？」

「うーん。来年かな。あ、でも受験だ」

「一日ぐらいいいでしょ」

「いいって言うかな、お母さんが」

「わたしが叔母さんを説得してあげる。順番待ちをしてるときもスペース・マウンテンに乗ってるときもわたしが修くんに英単語の問題を出す、そうやって受験勉強させるって。だから修くん、単語帳を用意しといて」

中央林間からわずか二駅。鶴間《つるま》駅で小田急江ノ島線を降り、そこからは歩く。

まっすぐではあるが、そこそこの距離だ。徒歩二十五分。人が歩く距離じゃないと泉ちゃんが言う二十分を超えちゃってる。

でも泉ちゃんは文句を言わずに歩く。むしろ歩くのを楽しんでるように見える。

ぼくも同じ。泉ちゃんがいるから苦ではない。人や犬と一緒に歩いていれば、徒歩何分とか、そういうことは意識しない。

そして一度左に曲がるだけで着いた泉の森。久しぶりに来た。確かに森ではある。木々は多い。緑だらけと言ってもいい。もう十一月で緑が濃くはないが、茶色っぽさも含めて、緑は緑。町なかにこういう公園がこういう規模であるのはいい。和なら興奮するだろう。喜んで走りまわるはずだ。

広場と名の付くものがいくつもあり、野鳥観察デッキもある。大きな池に小さな池もある。この二つ、本当に大池と小池という名前なのだ。

日曜日だからか、人はそこそこいる。家族連れ、家族ではなさそうな何人かのグループ。一人で野鳥を観に来たっぽい人。一人で散歩に来たっぽい人。

カップルもそこそこいる。夫婦っぽいカップル。夫婦ではなさそうだがその一歩手前ではありそうな二十代のカップル。大学生っぽいカップル。高校生っぽいカップル。カップルはどこにでもいるのだ。平日は隠れていても、休日には出てくる。

緑に満ちた園内の道を、泉ちゃんと二人、ゆっくり歩く。

ぼくと同い歳ぐらいの中学生っぽいカップルとすれちがったあとに、泉ちゃんが言う。

「修くん、カノジョできた？」

「できないよ」さっきと同じことを言う。「前会ってからまだ三ヵ月だよ」

「三ヵ月あればできるでしょ。それだけあれば、二人のカノジョと別れて三人めのカノジョができる」

「いや、それは」

「それは、何？」

「ダメでしょ」

「何で？　ダメじゃないでしょ。どこかで二股をかけてたらダメだけど、ちゃんと別れて次に行くならダメじゃない」

「今日別れて明日でも？」

「今日別れて明日でも。実際、そういうこともあるし」

「うーん」と考えてしまう。

「人はね、三十秒あれば人を好きになれるよ」

「なれる？」

「なれる」

「嫌いにも、なれるんじゃない？」

「お、さすが修くん。そのとおり。わたし、三十秒で人を好きになる自信もあるけど、三十秒で嫌われる自信もある」

「嫌うんじゃなくて？」

「うん。嫌われるほう。わたし自身が三十秒で嫌ったりはしないけど、嫌われはする」

「嫌われちゃダメでしょ」

「ダメなんだよね。でも嫌われちゃう。つい余計なことを言ったりして」

「そうなの？」

「そう」

泉ちゃんにそんな印象はない。でもそれはぼくがいとこだからかもしれない。絶対的な身内、と思ってしまってるのだ。現にぼく自身に泉ちゃんを嫌いになる感覚はない。泉ちゃんが何を言っても、何をしても、そうはならないと思う。

ただ、泉ちゃん自身は、本当にそんなふうになることもあるらしい。まだ高二だが、カレシの話は何度も聞いてる。これまで少なくとも三人はいたはずだ。中学で二人、高校で一人。いとこのぼくのことも好きだが、泉ちゃんはそうでない人のことも好きになるのだ。まあ、それはそうだろう。いとこだけを好きになってたら、ちょっとこわい。

「泉ちゃんは、今は？」とぼくも尋ねてみる。

「カレシ？」

「うん」

「いない」

「こないだ会ったときから、できてないんだ？」

「できたけど別れた」

「え？」

「二学期が始まったらできて、一ヵ月で別れた」

「じゃあ、四人め？」

「って、修くん、何、数えてんのよ」

「いや、数えちゃうでしょ」

「そのカレシは一ヵ月だから、カウントしなくていいよ。だから三人にしといて。元カレは今のところ三人。ほかにもそのカレシみたいなのを合わせれば、もっといるけど」

「いるんだ？」

「いるね」

「一ヵ月か」そしてぼくは言う。「あのさ、何があれば、一ヵ月で別れちゃうの？」

「まあ、そのもの二股だよね」

「浮気みたいなこと？」

「そう。そのカレシは、わたしに声をかけてきたときに前のカノジョとまだ別れてなかったっぽい。だから、前のカノジョにしてみれば、わたしが浮気相手みたいになっちゃってたの」

「それはいやだね。なのに、声をかけてきたんだ？」

「うん。そういう男もいんのよ。大人でもいるだろうし、高校生でも中学生でもいるね。男に限らない。女にもいる。修くんはそんな男になっちゃダメだよ。って、修くんはなんないか」

「わかんないけど」

「わかんなさいよ」と泉ちゃんは横から体当たりをかましてくる。ドン、と。笑顔で。

「いや、なるっていうことじゃなくて。先のことはわかんないっていう意味」

「そこはね、なんないって言いきっちゃっていいの。言わなきゃダメなの。はい、言って」

何だこれ、と思いながらも、言う。

「なんない」

「オーケー。約束したからね。もしこの約束を破ったら」

「破ったら？」

「デコピン」

「何だ。軽いんだ」

「ただし、わたしの指の先には鉄の毒針を装着」

「重いよ」

「そういうことをするならそれなりの覚悟が必要ってこと。その覚悟もないのにそういうことすんのよ、男は。女も」

「要するに、人だ」

「そう。人。でも人は人から逃げられないのよね。人を好きにならないのは無理だし」

「何かすごいね、泉ちゃん。そういうことを、小説に書けば？」

「は？」

「小説になりそうじゃん。そういうの」

「なんないよ。適当に言ってるだけだし」

「適当に言ってんの？」

「うん。何かそれっぽく言ってみただけ。だから嫌われんのかな、わたし」

「充分好かれてるでしょ、泉ちゃんは」

「お、何？　どういうこと？　聞かせて聞かせて」

「泉ちゃんは何人かと別れてるのかもしれないけど。別れてるってことは、その前にまず付き合ってるってことじゃん。それは、好かれてるってことでしょ。何回も好かれてるってことだよ」

「おぉ。修くん、すごい。わたし、ちょっと感動した」

「っていう今のこれも適当に言った。何かそれっぽく」

また体当たりが来る。ドン、と。泉ちゃんはやはり笑顔だ。

適当に言いはしたが、本音でもある。泉ちゃんは、まちがいなく、好かれる。もしかしたら苦手な人もいるかもしれないが、好きな人はかなり好きになるだろう。

公園を横切って国道にかかる陸橋を渡り、泉の森の南側へ。

そこには大きな水車小屋がある。この森から始まる引地川《ひきじがわ》に緑のかけ橋なる長い木の橋がかかってたりもする。歩いてるだけで楽しめる。

ここへ遠足に来たのは、確か小学三年生のとき。来るのはそれ以来だが、そのときとは印象がちがう。もちろん、水車小屋も緑のかけ橋も見覚えはあるのだが、それでもちがう場所に来たように感じる。人に引率されて歩くのと自分の意思で歩くのではものの見え方がちがうということだろう。

泉ちゃんと一緒にいることも大きい。泉ちゃんがすぐそばにいれば、感覚はいやでも私的なそれになる。

まさにすぐそばで泉ちゃんが言う。

「ただの公園だって修くんは言ってたけどさ、すごくいいただの公園だね」

ぼくもそう思う。だから言う。

「なかなかやるね。泉の森」

「これなら泉の名をつかってもいい。許す」

「泉の森も、泉ちゃんがわざわざ船橋から来てくれてうれしいんじゃないかな」

「修くん、いいこと言うねぇ。でさ」

「うん」

「疲れた」

「え？」

「休みなのに朝早く起きて、一時間半電車に乗って、駅から二十分以上歩いて、公園でも三十分以上歩いて。疲れた」

「あぁ」

「帰りもまた二十分以上歩くんでしょ？」

「そうだね」

「運動部員でも何でもない女子高生はもう限界」

それは、まあ、運動部員でも何でもない男子中学生も同じだ。和の散歩一回分よりは長く歩いたし。

「じゃあ、行く？」

「うん」

帰りは、泉の森のすぐ近くにあるふれあいの森を歩いて、鶴間駅の一つ先にある大和駅へ。

この駅は大和市のほぼ中心部にある。小田急江ノ島線と相鉄《そうてつ》本線が交わるそこそこ大きな駅だ。

だからその駅前のどこかで昼ご飯を食べるつもりでいたのだが。そこまで来たところで泉ちゃんが言う。

「どうせならもう修くんちのほうに戻っちゃおうよ」


というわけで。

ぼくがササッとキップを買い、一枚を泉ちゃんに渡す。

「また？」と泉ちゃん。

「うん」とぼく。

「ありがとう」

「それはお母さんに言って」

大和から中央林間に戻り、駅前のハンバーガー屋に入る。前にも何度か来た店。そこのハンバーガーを、泉ちゃんが好きなのだ。

ぼくも好き。よそよりちょっと高いが、その分、手がかかってる感じがする。

そこでもぼくは泉ちゃんに言う。

「お金はいいよ。もらってるから」

「これも？」

「うん」

「さすが叔母さん。と言いつつ、わたし、もう予想してた。でもお金を出すふりはしようと思ってたのに。言うのが早いよ、修くん」

バーガーのほか、二人で分け合うつもりでポテトとオニオンフライも買う。飲みものは、泉ちゃんもぼくもコーラ。

トレーを持ち、窓際にある二人掛けのテーブル席へ。

「どっちがいい？」と泉ちゃんが言う。

「ん？」

「奥と手前。窓が見えるほうがいい？」

「どっちでもいいよ」

「駅前の風景なんて見慣れてるか。住んでるんだもんね。じゃあ、修くんが奥に入って」

ぼくが奥、泉ちゃんが手前に座る。それぞれ、まずはコーラをひと飲みする。

「歩いたあとのコーラはうまい」と泉ちゃん。「よく大人が言うじゃん。仕事のあとのビールはうまいって。あれがこんな感じかもね」

「ぼくのお父さんもよく言うよ」

「わたしのお父さんも言う。会社をやめたあとは言えなくなってたけど。今はまた言うよ。大人はみんな言うんだね」

「うん」

「それにしても、やっぱコーラはうまいわ。ハンバーガー屋さんに来ると、どうしてもコーラが飲みたくなるのよね。あとは、映画館に行ったときと、ボウリング場に行ったときと、遊園地に行ったとき」

「いつもじゃん」と笑う。「でも映画館は、確かに飲みたくなるね。ポップコーンも食べたくなるし」

「どっちも高いけどね。まず映画が高くて、コーラもポップコーンも高い。でも買っちゃう。修くんと横浜で映画観たときも買ったもんね。って、あのときも、叔父さん叔母さんが買ってくれたのか」

「映画はちがうのを観たけどね」

「あぁ。そういえばそうだった」

泉ちゃんが中二、ぼくが小五のとき。父と母と泉ちゃんとぼくの四人で横浜に行ったのだ。そこで映画を観た。

「わたしたちは何観たんだっけ」

「『ミッション：インポッシブル２』」

「叔父さんと叔母さんは?」

「覚えてない」

同じシネコンでたまたま上映開始時間も近かったので、大人組と子ども組に分かれ、別のものを観たのだ。叔父さんと叔母さんは久しぶりに映画デートでもして、と泉ちゃんが言って。

「あれは、トム・クルーズだよね?」

「そう」

「トムといえば思いだすなぁ」

「何?」

「さっき言った創作文クラブの話。わたしが書いた探偵小説、タイトルが『トムは冒険しない』なの。それはトム・ソーヤーから来たトムなんだけど」

「『トム・ソーヤーの冒険』だ」

「うん。読んだことある?」

「あるよ」

「わたしも。それしか読んだことない。だから自分が書いた小説のタイトルにつかっちゃった」

「トム・ソーヤーの話ではないの?」

「ないよ」

「冒険もしないの?」

「しない。何もしないの。探偵と秘書の二人でこんなふうにコーラ飲んでとんがりコーンを食べるだけ」

「何、その小説」と笑う。

でも泉ちゃんぽい感じだ。ちょっと読んでみたい。

「修くんと映画館は行ったことあるけど、ボウリング場はないよね？」

「ないね」

「じゃ、それも今度行こ。行って、コーラ飲も」

「いや、ボウリングやろうよ」

「やるけどさ。コーラも飲もうよ。どっか近くにないの？　ボウリング場」

「近くにはないかな。やっぱり電車には乗るよ」

「じゃあ、それも、上野の動物園と水道橋の遊園地のときにするか。東京ドームのとこに確かボウリング場もあるはずだから」

「いっぺんにやるの？」

「うん。パンダ見て、ジェットコースター乗って、ボウリング。で、コーラ」

そう言って、泉ちゃんはそのコーラを飲む。

ぼくも飲む。

コーラ。確かにうまい。泉ちゃんが飲んでるのを見ると、いつも飲みたくなる。泉ちゃんは本当においしそうに飲むから。

そして二人、ポテトやオニオンフライを食べ、ハンバーガーにかかる。

泉ちゃんは女子だが、がぶりといく。パンのあいだからミートソースがたれるのも厭《いと》わずに、がぶりと。

で、言う。

「あぁ、やっぱここのはうまいわ。そもそもがミートソースなのにさらにトマトの現物を挟んじゃうとか、反則でしょ」

「でもトマトって、たまに嫌いな人もいるよね」

「いる？」

「うん。給食で出てきたら残す友だちがいるよ。ケチャップはだいじょうぶだけどトマトそのものはダメなんだって。あと、トマトそのものはだいじょうぶだけどトマトジュースはダメって人もいるよね」

「トマト、こんなにおいしいのにね」

「うん」

「そんな人はデコピンだね」

「毒針付き？」

「毒針付き」

「そうなったらもうただの殺人鬼じゃん」

「じゃ、針なし。軽めのデコピン。軽《けい》デコピン」

と、ぼくらがそんなことを話してると。通路を歩いてきた人が、泉ちゃんのすぐわきで立ち止まる。

見れば。女子。

何と、藤林冬衣《ふじばやしふゆい》だ。ぼくと同じクラスの。

「柴原くん、来てたんだ？」と言われ、

「あぁ。うん」と返す。

「似てるなぁ、とは思ってたんだけど。やっぱりそうだった」

「向こうに、いたんだ？」

「そう」

「気づかなかった」

「こっちに背を向けて座ってたから」冬衣は泉ちゃんを見てからぼくを見て、こう続ける。

「誰？」

「あ、いとこ」

「いとこ」

「うん」

「ほんとに？」

「うん」

「何してたの？」

「今、お昼。ちょっと出かけてたから」

「出かけてたって、どこに？」

「えーと、泉の森」

「泉の森」

「うん。公園」

「二人で?」

「まあ、そう」

「いとこと二人で、行く?」

「行く、でしょ」ぼくは説明にかかる。「いや、泉ちゃんがさ」

「イズミちゃん?」

「この人。いとこ。泉ちゃんが、泉ちゃんて名前だから、じゃあ、泉の森に行ってみようかって」

「何それ」

そう言われてもしかたない。説明したぼく自身が思う。何それ。

「あぁ、そういうことか」とそこで泉ちゃんが言う。そしてこれはぼくに。「この子は、何て人?」

「えーと、藤林さん」

「何ちゃん?」

「冬衣さん」

「フユイちゃんか」そしてこれは本人に。「フユイちゃんは、わたしが修くんとデートしてるんじゃないかと思ったわけだ」

「それは」と冬衣。

「デートはデートだよ。でもいとこっていうのもほんと。わたしは片岡泉。今、高二。フユイちゃんと修くんの三歳上。いとこだから名字はちがうけど、まあ、それは普通だよね。修くんのお父さんのお姉ちゃんがわたしのお母さん。わたしは千葉の船橋に住んでんの。で、よく修くんちに遊びに来る。年に三回とか四回とか。だからこの店も来たことあるし。泉の森に行ってきたっていうのもほんと。わたしが泉だから泉の森に行ったのもほんと。行こうよってわたしが修くんに言ったの。自分の名前が付いてる公園に行ってみたい、だから案内してって。今はその帰り。修くんが言ったみたいに、ちょっと遅めの昼ご飯。かなり歩いたからコーラがおいしいねって話してたとこ。食べ終えたら修くんちに帰るの。もし疑ってるなら、夜、修くんちに来てみるといいよ。わたし今日は泊まりで、夜でもまだいるから。さすがに修くんがカノジョを家に泊めはしないでしょ。叔父さんと叔母さんが、というか修くんのお父さんとお母さんが、それを許しもしないだろうし。だから心配しなくてもだいじょうぶ。わたし、ほんとにいとこ」

いきなりの長説明に驚きつつ、冬衣は言う。

「そう、ですか」

「藤林さんは」とこれはぼく。「家の人と来てるの?」

別に知りたかったわけではない。話を変えるための質問、のつもりだった。

冬衣は言う。

「ホリベくんと来てる」

「え?」

「ホリベくん。サッカー部の」

「あぁ」

堀部夏斗《ほりべなつと》、だ。同じ二年生。サッカー部員。相当うまいらしい。三年生が夏で引退したあと、一年の秋からレギュラーになったという。ウチの中学は生徒数が多いから、サッカー部員も多い。それで一年からレギュラーはすごい。

ただ、ぼくは知り合いではない。クラスは今年もちがうし、去年もちがった。小学校も別。だから名前と顔を知ってるだけで、話したことはない。接点がないのだ。ぼく自身は、帰宅部員に近い美術部員だから。

そう。ぼくは美術部員。と言うとすごそうに聞こえるが、ちっともすごくない。小学生のときにデッサンがそこそこうまかったから入っただけの話。ちゃんと描けば結構やれるんじゃないかと思ったのだ。でもいざちゃんと描いてみたら、そうでもなかった。色彩感覚は、たぶん、並。要するに、色を塗るのがダメなのだ。水や緑といった大まかなものをどう塗ったらいいかがわからない。

で、うまく描けないから楽しくない。楽しくないから部にも行かない。だから、帰宅部員に近い美術部員。幸い、運動部なんかとちがって、そんなには来い来い言われないのだ。やる気がない人に美術をやらせることに意味はないから。

「堀部くんが先に気づいたの。あれ、藤林のクラスのやつじゃねえ？　って」と冬衣。

「あぁ」とぼく。

「堀部くんとは塾が一緒なの」

「そうなんだ」

塾は駅周辺にいくつもある。実際、友だちの半分ぐらいは行ってる。

「といっても、今日は塾はないんだけど。でもウチの塾、日曜も自習室は開けてるから、そこで一緒になって」

「そうなんだ」とまた同じことを言ってしまう。

「堀部くん、今日は部の練習もないみたいで。明日はあるらしいけど。練習試合だとかって」

「へぇ」

「じゃあ、わたし、戻るね」

「うん」

冬衣が通路を歩いていく。そしてレジの向こう、ここからはいくつも離れた席に座る。

そこには確かに堀部夏斗がいる。そうと知ったからわかる。知らなければ気づけないだろう。

泉ちゃんが言う。

「中二で塾かぁ。大変だ。しかも自習室って。そんなのがあるんだ？」

「あるみたいね」

「修くんは行かないの？　頭いいから行かないか」

「来年は行くかも。行きたくはないけど、お母さんが行けって言うと思う。こないだお父さんとそんな話してたし。泉ちゃんは、行ってた？　中学のとき」

「行くわけないじゃん。さっきの大学の話と同じ。ウチにそんなお金ない。あったとしても行かなかったよ。学校の勉強だけでゼーゼー言ってたし」

「ゼーゼー言ってたんだ？」

「言ってないけどね。そもそも勉強をしてないわけだから」

泉ちゃんはオニオンフライを食べ、コーラを飲む。そしてぼくの顔をじっと見る。

「ねぇ、修くん」

「ん?」

「うそついたでしょ」

「え?」

「あの子、カノジョだよね」

「あ、いや」

「ちがうの?」

「ちが、わないんだけどちょっとちがうというか」

「何?」

「いや、付き合ってはいるはずなんだけど、そんな感じでもないというか」

「付き合ってるはずっていうのは?」

「付き合おうよ、とは一応、言われたから」

「修くんは何て言ったの?」

「うんて」

「じゃあ、付き合ってるでしょ」

「そうなんだけど。付き合ってることになってるだけで、例えばこうやって泉ちゃんと行くみたいに一緒にどこかに行ったりはしないし。だから、カノジョとは言えないような気もして」

「修くんが誘えばいいじゃない」

「一度誘ったんだけど、その日は無理って言われて。今と同じで自習室に行かなきゃいけないからって」

「行かなきゃいけないならそれはもう自習じゃないじゃない」

「そうだけど」

「それからは？」

「誘ってないかな」

「何でよ」

「また断られたらいやだし」

「断られそうな気がしちゃうわけだ」泉ちゃんはさらにコーラを飲んで言う。「修くんはあの子が好きなの？」

「まあ」

「まあ、何？」

「好き、かな」何故か言い訳のように言ってしまう。「前から、いいなとは思ってたし」

「で、付き合おうよって言われたんだ？」

「うん」

「で、うん、と修くんは言ったわけだ」

「うん」

「で、あの子はホリベくんとハンバーガーを食べに来てるわけだ」

「うん。でも塾が一緒ならそういうことも」

「で、わたしのことを修くんの浮気相手だと疑ったわけだ」

「いや、疑ったかどうかは、わかんないけど」

「どう見ても、疑ってたよね？」

「疑って、た？」

「疑ってた」

泉ちゃんは半分残ってたハンバーガーを食べる。

ぼくも食べる。おいしいが、味は少し落ちたような気がする。いや、味が落ちたのではない。ぼくの味覚が鈍ったのだ。気持ちが落ちたから。

「あの子さ」

「うん」

「修くんがわたしといてよかったと思ったかもね」

「ん？」

「むしろ、チャンス！　くらいに思ったかも」

「どういうこと？」

「自分もホリベくんと浮気してるから修くんもわたしと浮気してたすかったってこと。だからほんとに浮気かを確かめたかったんでしょ。そのために来たんでしょ」

「うーん」

「まあ、修くんのことも好きなんだとは思うけどね。でも、何でほかの女といんのよ、とも思ったはず。ムカついてはいたはず。とりあえず自分のことは措《お》いといて」

「うーん」

「いろいろ探ってたよね。わたしのこともそうだけど。自分がホリベくんと一緒にいるのを修くんがどう思うかも探ってた」

「探ってた？」

「探ってた」

夏斗と冬衣の席のほうをチラッと見る。

夏斗はこちらを見てない。笑ってる。距離はあるが、そのくらいはわかる。冬衣の顔は見えない。こちらに背を向けてるから。でも。笑ってはいるはず。夏斗一人が笑ってるということはないだろう。

ふっと短く息を吐いて、泉ちゃんが言う。

「あの子はやめといたほうがいいかもね」

「何で？」とつい訊いてしまう。

「何か、よくないよ。ああいう子はね、たぶん、修くんを傷つけるよ。付き合ったとしても、傷つける。って、もう付き合ってんのか」

「わかるの？」

「わかるよ。わたしと同じ匂いがするから」

「え？」

「わたしと同じで、あの子は好きになった子全員にいっちゃうよ」

「そう、なの？」

「そう。好きになったらいっちゃう。二人いっぺんとか、そういうこともしちゃう。わたしはしないけどね、あの子はするよ」

二〇一一年　杉野大成　三十四歳

やっぱり西尾《にしお》さんかな、と思う。

西尾小花《こはな》さん。二十五歳。アルバイト店員だ。アルバイトではあるが、もう長く働いてくれている。

ウチは、シンプルに言えば、服屋。主にカジュアル。メンズとレディース、どちらも扱っている。ターゲットは、二十代から三十代ぐらい。

会社は手広くやっている。衣料品の企画製造販売。物流の子会社も持っている。自社ブランドも複数抱えている。そのなかでターゲットを変えるのだ。年齢の幅を広げたり、逆に狭めたり。女性に絞ったり。

男性に絞ったブランドは、今のところない。社全体での戦略なのだと思う。男性に絞ってしまうと、当然のことながら女性は遠ざかる。そうはしたくないのだ。衣料品を扱う以上。

僕自身は正社員だ。社員店長。

今は津田沼《つだぬま》の店にいる。商業ビルにテナントとして入っている店舗だ。店は正社員とアルバイトさんでまわしている。今いるのは十人。

まずは店長の僕杉野大成《すぎのたいせい》と、同じく正社員の竹口幹穂《たけぐちみきほ》さん。僕は三十四歳で、竹口さんは二十八歳。竹口さんはまだこの店に来たばかりだ。先月までいた中豊留塁《なかとよどめるい》くんに代わって来た。その中豊留くんは二十七歳。初めから企画をやりたいとの希望を持っていた。店舗を四年経験し、そちらへと引っぱられた。今は本社にいる。

僕と竹口さん以外の八人がアルバイトさんだ。なかでも週五のフルでやってくれているのが、西尾さんと片岡泉さん。あとの六人は隙間を埋める感じでシフトに入ってもらう。

店長は、常に売上の数字を見なければならない。それに追われなければならない。

商品の力と店自体の力。二つがそろわないと売上は伸びない。今はオンライン通販もあるから、店には実店舗の価値が求められる。そこで売れないなら、その店は必要なくなってしまう。だからこそ、そこで働く人、そこで売る人、が重要だ。服屋は特にそうだと思う。ウチのようなカジュアル系は、そのなかでも特に。

服屋で店員にいちいち声をかけられるのはウザいよね、という声をよく聞く。それは店側もわかっている、重々承知している。ただそれでも、まったく声をかけない店よりは声をかける店のほうが売れるのだ。

初めから買うつもりで来たお客さんだと、声をかけられたほうがたすかる場合もある。それでいい買物ができれば、また次へとつながりもする。

要はバランスなのだ。声はかけるが、やり過ぎないこと。声をかけられたから店を出てしまった、声をかけられるからあの店には行かない、にしないこと。

僕も店長として、声をかけるようにとアルバイトさんには指導する。

お客さんが来たら、まずはいらっしゃいませ。それは当然だが、そこに一言添える。どうぞご覧ください、でも、新作入ってます、でも何でもいい。とにかく一つ足す。それを言い流さない。きちんと話しかけたうえで、引く。

お客さんがゆっくり見てくれているようなら、何かお探しですか？ くらいのことは訊く。それはあり。ただし、反応が鈍いようなら、そこでもすんなり引く。後にお客さん自身が訊きやすい環境をつくるだけにとどめる。

優秀な販売員は、そのあたりがうまい。買う意思がある人に買ってもらうのはもちろんのこと。買う意思がなくもない、を、買う、に変えることができる。

それは正社員に限らない。アルバイトさんも同じ。やる人はやる。払う時給分以上の成果を店にもたらしてくれる。おそらくは、人とコミュニケーションをとってものを売ることが好きなのだ。本人はそこまで意識していないかもしれないが。見ていればわかる。

そんな人をうまく採用するのも僕の仕事。もしかしたら、店長の仕事のなかで一番大事なのはそれかもしれない。いわばスカウティングだ。

そして今、僕は、誰かいいアルバイトさんがいたら一人正社員に推薦するよう、本部から言われている。一人必ず推薦しろということではなく、有望な人がいたら、と。店の売上が悪くないから言ってもらえたのだと思う。

今年は春に東日本大震災があったので、さすがに売上が落ちた。物流面などでの被害もあった。だが半年が過ぎて、ようやくもとの感じに戻りつつある。だからそんな指示も出るのだろう。少しは余裕も出たから。

それで、僕は迷っているのだ。西尾さんか片岡さんかで。

二人は同い歳。といっても、それはたまたま。一緒にアルバイトに応募してきた友人同士、ではない。

そういうこともたまにあるのだ。例えば高校を卒業したばかりの子が友人と一緒に応募してくる、とか。

そんなふうに応募してきた人を、僕はまず採用しない。もちろん、よければ採るつもりで面接はするし、話も丁寧に聞くが、実際に採用するところまではあまりいかない。

そんな形で応募してくる人は、アルバイトさんのなかでも変にグループをつくったりする傾向があるのだ。仲間がやめるとなったら、じゃあ、わたしも、となる可能性もある。それは店にとってよくない。

ともかく、二人は別採用。西尾さんの一ヵ月後に片岡さんが入った。

同い歳ということもあり、ここで親しくなった。それでいて、親しくなり過ぎなかった。ある意味、理想的な形だ。そしてうれしいことに、二人はともに、やる人、だった。そこには学生とフリーターのちがいもある。週五で入ってくれる人は、やはり心がまえがちがうのだ。

とはいえ、週五でもやらない人はやらない。それもまた事実。そんな人は、時給仕事は時給仕事と考える。服を売るのが仕事、ではなく、店にいるのが仕事、と考えてしまう。

採用面接では僕もそのあたりを慎重に見るが、たかだか十分十五分では見きれない。やはり実際に働いてもらわなければわからないのだ。西尾さんと片岡さんも、面接ではわからなかった。この人ならやる、と僕が確信したわけではない。

特に片岡さんはそう。面接の段階であまりにもくだけ過ぎていて、正直、だいじょうぶかな、と思った。わたしここの服を売りたいんですよ、と言うから、何で？　と尋ねたら、こう答えた。いとこの男の子にここのTシャツをプレゼントしたらすごく喜んでくれて。それで何か縁を感じちゃったんですよね。

答になっているようななっていないような答だったが、結局は採用した。雇ってくれたらわたしガンガンここの服を買っていとこにプレゼントしますよ。従業員割引があってもなくても。とそんなことを真顔で言うので、僕もつい笑ってしまい、では一緒に働きましょう、と言ってしまったのだ。

一ヵ月前に雇った西尾さんが優秀であることはその時点でわかっていた。だから僕自身の気持ちにも余裕があった。西尾さんがいるからいいか、と思えたのだ。もしも西尾さんを雇えていなかったら、片岡さんも雇わなかったかもしれない。

で、片岡さんは化けた。いや、初めから販売員としての素質はあったのだろう。実際に売ることで、つまり自分が売れるとわかったことで、さらに目覚めたのだ。

実際、二人のおかげで売上は伸びた。それははっきりと数字に出た。倍増というわけではない。一割増とかその程度。だがその一割が大きいのだ。西尾さんが入って五分上がり、片岡さんが入ってもう五分。計一割。そんな具合。二人がそろったのは本当に大きかった。

西尾さんには穴がない。片岡さんに穴があるわけではないが、西尾さんには、穴とまでは言えない隙もない。売るだけでなく、それにともなう事務作業もそつなくこなす。すべてにおいてスキルが高い。正社員として頼りになるのは、やはりそんな人だ。

西尾さんと片岡さん。まだどちらにも声をかけてはいない。正社員になりたいかの意思確認もしていない。

もちろん、二人のどちらにも言って競わせるようなことはしない。それをしても、お互いにやりづらくなるだけで、メリットは何もない。だから、こちら、と決めてから声をかけようと思っている。

今日は片岡さんは休み。西尾さんだけが出勤。

その西尾さんが店でお客さんと話している。同性。女性客だ。お客さんは笑顔で、西尾さんも笑顔。店員として西尾さんが一歩引いた感じがある。

その丁寧な接客を見ると、西尾さんかな、と思ってしまう。この人なら老若男女どのお客さんからも嫌われないだろうな、と。片岡さんがどこかの層に嫌われるというわけではまったくないのだが。

僕は大学を出て今の会社に入った。

店長になったのは四年め。二十六歳を迎える年だ。

だいたいどこもそんなものだと思う。服屋に限らない。飲食関係のチェーン店などでもそうだろう。店を運営する会社の社員は、まず店舗での仕事を経験する。そして二十代半ばで店長になる。

その後は様々だ。いや、その後と言わず、その前に本部の企画部門に移った中豊留くんのような人もいるし、店長を経験してからマネージャーやスーパーバイザーになる人もいる。

　僕は今のところ後者だ。中豊留くんのように本部に移る希望を出すこともできるが、実際に出したことはない。むしろ店長でいたいと思っている。服を売る現場にいるほうが好きなのだ。それはまだ若い感性を保てているからだと、自分ではいいように考えている。

といっても、もう三十四歳。店長になって九年めだ。店で言えば、三店め。

　大学時代は、学校がそちらだったので、小田急小田原線の祖師《そし》ヶ谷大蔵《がやおおくら》に住んでいた。世田谷区だ。

　そして今の会社に就職。最初に配属された店は調布。近かったため、その祖師ヶ谷大蔵から通った。

　四年めで初めて店長になったとき。店がある本八幡《もとやわた》に引っ越した。店まで歩いて行けるアパートだ。

　二店めは南船橋で、三店めは津田沼。それぞれ船橋市と習志野《ならしの》市。どちらへも通えたので、そのまま本八幡に住んでいられた。

　本八幡は千葉県の市川市だが、都営新宿線の始発駅でもあるのでかなり便利だ。こうして峰《みね》香《か》とも会いやすい。

　福沢《ふくざわ》峰香。僕のカノジョだ。もう付き合って長い。

　今、僕らは新御茶ノ水《しんおちゃのみず》の焼鳥屋にいる。峰香とはここ御茶ノ水近辺で会うことが多いのだ。

　峰香はかばん会社に勤めている。僕の会社同様、製造もやっているところだ。いくつか直営店もある。

僕もその会社製のリュックとボディバッグを持っている。少し高いが、とてもつかいやすい。今度旅行用の大きなかばんも買うつもりだ。キャスター付きのスーツケースではなく、肩掛けもできるボストンバッグ。また社員割引でわたしが買うわよ、と峰香は言ってくれている。

峰香がいるのは本社。渋谷区にある。住んでいるのは根津《ねづ》。文京区だ。会社から東京メトロの千代田線一本で帰れる。その途中に、新御茶ノ水があるのだ。

一方、僕の職場は津田沼。そこからはＪＲ総武線の各駅停車一本で御茶ノ水に行ける。住んでいるのは本八幡なので、帰りはまた総武線でもいいし、飲む店の場所によっては小川町《おがわまち》まで歩いて都営新宿線に乗ってもいい。

お互いに便利なのだ。だから御茶ノ水近辺で会う。

で、今日の店。焼鳥屋といっても、そんなに安い店ではない。高級店とまではいかないが、高い部類ではあるだろう。

そこのカウンター席に、二人、並んで座っている。

頼んだのはおまかせのコース。前回も頼んだら、途中でお浸しの小松菜や煮たトマトが出てきてそれがとてもよかったので、今回もそうした。

飲みものは僕がレモンサワーで、峰香が梅酒ソーダ。おつかれを言い合って、乾杯した。

初めの一口を飲んで峰香が言う。

「で、今日は何？」

「え？　特に何ってことはないけど」

「明日、杉野くんは休みじゃないんでしょ？」

「うん。でも朝はゆっくりだし。峰香も早めに出られるって言うから、それならご飯でも、と思って」

「だとしても。何もなくはないでしょ」

さすがは峰香。鋭い。

「まあ、なくはないか」と正直に言う。

「もしかして、別れたいとか？」

「いやいや。何それ。冗談にならないよ」

「あ、それは冗談にならないんだ？」と峰香が笑う。

「いや、まあ、冗談になってるけど」と僕も笑う。

「別れたいんじゃないなら、とりあえず、よかった」

「別れを切りだすときに焼鳥のコースは頼まないんじゃないかな」

「じゃあ、何を頼むの？」

「それはわからないけど。せめて単品でしょ」

「どうして？」

「コースだと、途中で帰ったりできないし」

「なるほど」

「というそれは、今、あと付けで考えたんだけど」

「でも確かにそうよね。コースを頼んじゃったら帰りづらい。途中でキャンセルはできないし。まあ、それでも帰っちゃうカノジョもいるだろうけど。で、残されたカレシがしかたなくそこからは二人分食べる。漬物も二人分食べて、鶏のスープも二人分飲む」

「帰っちゃうのは、カノジョなんだ?」

「そう、じゃない? カレシが帰ったら、ちょっとひどいよね。別れを突きつけておいて帰ったら」

「それは、ひどいね」

「でも、だからって、最後まで食べないのにお金だけ払って一緒に店を出るのも変だし」

「そこまで考えなくていいよ。別れたいっていう話では、ないから」

「了解。今後は、杉野くんがこのお店で初めから単品を頼んだら、あ、もしかして、と思うようにする」

「思うようにしなくていいよ。今のところ、別れなんて少しも考えてないから」

「あ、今のところって言った」

「いや、言葉の綾だよ」

「この先もずっと別れることは考えない、なんて言ったら、それこそうそ臭いもんね」

「そうそう」

「でもそんなこと言われたら、ちょっとうれしいかも」

「うれしくないでしょ。峰香は絶対笑うよ、おれがそんなこと言ったら」

「同感。笑うね」

「念のために言うけど。もしおれが単品を頼んでも、変に勘ぐらなくていいからね。実際、こんなこと話したのを忘れて単品を頼んじゃうこともあるかもしれないから」

「で、わたしはゲゲッと思いながら飲んだり食べたりするのね」

「いやなデートだな、それ」

「そうならないよう、杉野くんが単品を頼んだらその時点で訊くようにするよ。あ、別れですか？　って」

「それもよそうよ。おれがドキッとしちゃうから」

と、こんなふうに別れ話を冗談にできるのは、僕らにキャリアがあるからだと思う。カレシカノジョとしてのキャリア、だ。

それがいいきっかけになったので、僕はそのまま本題に入る。

「計算してみたらさ、おれら、付き合って十二年なんだよね」

「計算したんだ？」

「うん。してみた」

僕らが知り合ったのは、大学一年生、まだどちらもが十八歳のときだ。学部が同じで語学のクラスも同じになったことで知り合った。

付き合いだしたのは、大学二年生の今ごろ、どちらもが二十歳のときだが。その後二年の空白があるから、それを差し引いて、十二年。

「十二年以上、じゃない？」と峰香が言う。

「いや、ほら、二十代半ばのあれがあるから」

「あぁ。あれ」

「うん」

「あれとしか言いようがないね。何かがあったわけではないから」

「そうだな」

「でも、何、あれを付き合いに含まないっていうことは、わたしたち、一度別れてるの？」

「別れてはいないけど」

「だったら十四年でいいじゃない」

別れてはいない。どちらも、別れを切りだしたりはしていない。だがそうなってもおかしくはなかった。お互い、何となく距離をとった。これでカレシカノジョと言うのもどうなのかと自分で思ってしまうぐらい疎遠にはなった。

どちらかに新しい相手ができたということではない。少なくとも僕はそうではない。いや、峰香もちがうだろう。もしそうなら、僕に別れを切りだしていたはずだ。隠れてその相手と付き合ったりする峰香ではない。

就職して二年経ち、どちらも一度落ちついた。落ちついたから、自分を見つめ直した。いかにもではあるが、無理に言えばそういうことなのだろうと僕は思っている。幸か不幸か、その時期を二人が同時に迎えたのだ。

今思えば、それでよかった。どちらか一方だけがそうなっていたら、別れ話が出てきたかもしれない。

「まあ、杉野くんがそう言うのもわかるけどね」と峰香が言う。「十年とか、もうそのぐらい前か。何だったんだろうね、あのころ」

「若かった、んだろうね。要するに」

「お互い仕事も忙しかったしね」

「忙しかった」

「はっきりケンカをしたわけでもないのに、会わなかったもんね。一回メールを出したからとりあえずそれでオーケー、みたいに思ってたし」

「おれもそうだったよ。とりあえず一往復やりとりしたからオーケー」

「二往復はしないのね」

「そう」

「今さら言うことでもないけど。わたし、あの時期にほかの誰と付き合ったりもしてないからね」

「おれも同じだよ。誰とも付き合ってない」

「どちらかが疑ってたら、別れてるか」

「うん」

「そこは信用してたよね。お互い」

「してた。そういうことでのストレスはなかったよ」

「わたしも。でもそれもすごいよね。普通、疑うでしょ」

「そうかもな」

「でもその信用というか信頼があったから、今こうしてられるんだね」

「確かに」

「で、何で今なの？」

「ん？」

「十二年、というか十四年経って。何で今？」

「うーん。何でってこともないけど。干支《えと》がひとまわりしたからかな」

「は？」

「ほら、二年空白があっての十四年だから、一応、十二支の動物を全制覇したんだな、そんなにも長く付き合ってるんだな、と思って」

峰香は梅酒ソーダを飲みながら少し考えて、言う。

「全制覇、してないんじゃない？」

「え？」

「十二支のどの動物の年も付き合ってたっていう意味なんでしょ？」

「うん」

「そうはなってないよ。二年間は同じ動物がダブってるだけ。途中で二年空いたら、全制覇するにはもっとかかる」

「何で？」

「何でって。そうでしょ」

峰香はバッグからペンとメモ紙を出し、カウンターの上で簡単な表を書いてくれた。

それによれば。僕らが付き合いだしたのはうし年で、今年はうさぎ年。空白期間に丸々含まれるひつじ年はまだカバーしていないことがわかった。次に来るのは四年後だ。

「あぁ、ほんとだ。勘ちがいしてた。根底から覆されたよ」

ご購入作品名

■この本をどこでお知りになりましたか？

□書店（書店名　　　　　　　　　　　　　　　　　　　　　）

□新聞広告　　□ネット広告　　□その他（　　　　　　　　　　）

■年齢　　　歳

■性別　　　男・女

■ご職業

□学生（大・高・中・小・その他）　□会社員　□公務員

□教員　□会社経営　□自営業　□主婦

□その他（　　　　　　　　）

ご意見、ご感想などありましたらぜひお聞かせください。

ご感想を広告等、書籍のPRに使わせていただいてもよろしいですか？

□実名で可　□匿名で可　□不可

一般書共通

ご協力ありがとうございました。

郵便はがき

おそれいりますが
切手を
お貼りください

102-8519

東京都千代田区麹町4−2−6
株式会社ポプラ社
一般書事業局　行

お名前	フリガナ	
ご住所	〒　　-	
E-mail	@	
電話番号		
ご記入日	西暦　　年　　月　　日	

上記の住所・メールアドレスにポプラ社からの案内の送付は必要ありません。□

※ご記入いただいた個人情報は、刊行物、イベントなどのご案内のほか、お客さまサービスの向上やマーケティングのために個人を特定しない統計情報の形で利用させていただきます。

※ポプラ社の個人情報の取扱いについては、ポプラ社ホームページ（www.poplar.co.jp）内プライバシーポリシーをご確認ください。

「そんなにも長く付き合ってる、というだけど、干支自体に意味はないんでしょ?」

「まあ、そうだけど。でもすごいな。よく気づいたね。おれはさ、単純に、二年空白で十四年だからひとまわり、と思っちゃったよ」

「空白がどのタイミングで来るかによるでしょ」

「そうか。そうなんだね」

「まずはよ〜く考えましょう。考えたら、それが本当に正しいのかを疑いましょう」そう言って、峰香は笑う。「干支がどうとか、すごくまわり道したね。で、何? 何の話?」

僕はレモンサワーを一口飲んで、言う。

「おれらもいい歳だし、一度きちんと話そうと思ってさ」

「きちんと」

「うん。ほんとは三十のときにでも話せばよかったんだけど」

「何で三十?」

「きりがいいし。女の人は、三十までに結婚したいとかよく言うし」

「わたしもそうだと思う?」

「思わない。だから今になった」

「干支とか、ほんとに関係ないんだね」と峰香が笑う。

「ないよ」と僕も笑う。「今年がうさぎ年だってことも、もう忘れてた」

「子どものこと?」とあっさり訊かれ、

「そう」とあっさり答える。

結婚、ではなく、子ども。その言葉が先に出てくる。僕らの場合、その二つがイコールになっている感じもある。子どもができたら結婚はする。だができないならしない。とでもいうような感じだ。そういうカップルは案外多いと思う。

そして今のところ、僕らは結婚していない。子どももいない。つくろうとしていないからだ。はっきり言ってしまえば、できないよう気をつけているからだ。

付き合いだしたころというか、働きだしたころからそう。子どもはいらないと峰香は言っている。それは僕も同じだ。いらない、の度合いは峰香より低いかもしれないが、同じは同じ。だからこそこんなにも長く関係が続いたと見ることもできる。

早い段階でそう話したから、もう何年もその話はしていなかった。空白の二年を経たあともだ。前に話したのは十年以上前。

これだけの年月が過ぎれば考え方が変わることもある。だからこのあたりで一度、お互いの意思をあらためて確認しておくべきだと思った。それでの今だ。

「働きだして二年ぐらいで子どもができて、わたしが産んでたとしたら。その子、もう九歳とかなんだね」

「九歳。小三か」

「そう考えると、何かすごいね」

「うん。実際、おれらと同い歳でそんなふうに進んだカップルもいるだろうな」

「わたしたちは、無理だったね。働きだして二年ぐらいって、ちょうどあの二年のときだし」

「あぁ、そうか」

「でなきゃ、子どもはできたけど別れてた、なんてことになってたかもね」

「うーん」

「どっちも想像できないよ。というか、今よりそのほうがよかったとは思えない。産んで別れる、がよくないのはもちろんだけど。産んで結婚、になってても、そうだったかな。杉野くんはいいお父さんになれただろうけど、わたしはいいお母さんになれてないような気がする」

「そんなことはないでしょ」

コースで出された串のレバーを食べる。うまい。レバーは、うまい店は本当にうまい。

同じくレバーを食べ、梅酒ソーダを飲んで、峰香が言う。

「わたしは今も仕事が好き。子どもが嫌いなわけじゃなくて、仕事が好き。それは変わってない。この先もそれでいいと思ってる。四十を過ぎたら変わるとか、そういうこともあり得なくはないけど。それで後悔するとしても、その後悔を受け入れるつもりではいる。今はね」

「そうか」

「はっきり言ったほうがいいなら言うよ。子どもはいらない」

峰香はかばん会社でMDの仕事をしている。マーチャンダイジング。新商品の開発だ。

技術系ではないから、企画開発ということだろう。二十代のころは営業だったが、今はそちら。ウチの中豊留くんのように、希望して移った。そしてまさに希望どおりのことをやれている。自分が思い描いたとおりのキャリアを築けている。

だから子どもはいらない。ということでもないのだと思う。それはまた別の話だ。僕はそうとらえている。

「杉野くんは、もしかして、子どもがほしいの？」

「いや、そんなことはないよ」

「そうならそうと、はっきり言ってくれていいよ。遠慮はしてほしくない」

「遠慮はしてないよ。おれも峰香と同じ。子どもが嫌いなわけではなくて、仕事が好き。一度きちんと話しておきたいと思っただけだよ。だから、話は終わっちゃった」

「ほんと？　無理してない？」

「してないよ。峰香の考えを聞きたかっただけ。それは聞けたから、もう充分」

「その話より干支の話のほうが長かったね」

「うん。でも勉強になったから、あれはあれでいい」

「勉強に、なった？」

「なったよ。考えたら、それが本当に正しいのかを疑う。すごく勉強になった。で、勉強はもうおしまい。あとは焼鳥を楽しもうよ」


店に狭い事務スペースはあるが、休憩スペースはない。だから休むときはビル内にある共用の休憩所をつかう。

それで他店の人と知り合いになれたりもするので、僕もよく利用する。同じ服飾関係の人と話すことが多いが、お菓子屋さんの人やお茶屋さんの人と話したりもする。

お菓子屋さんの人がウチの服を買ってくれたので、お礼に高めのチョコレートを買ったこともある。そのチョコレートは店のみんなで食べた。西尾さんも片岡さんも学生アルバイトさんも喜んでくれた。ほんと、おいしいです、と西尾さんは言い、ナイス、店長！　と片岡さんは言った。

午後四時すぎ。僕はその休憩所で長イスに座り、自分の手帳を見ていた。スケジュールを管理するためのそれだ。仕事とプライベート、両方でつかっている。

このときは、休憩を兼ねた仕事。先々の仕入れスケジュールを確認していた。秋物のセールのタイミングを考えていたのだ。

ウチは秋物単体でのクリアランスセールは実施しない。秋物は難しいのだ。まず、秋という季節自体が短いし、完全に秋限定という服があるわけでもないから。ただ、十月下旬には冬物も少しずつ入ってくるので、それとのバランスを考えてさばいていかなければならない。

夏物や冬物のクリアランスセールはいついつから実施せよとの指示が本部から来るが、秋物は各店の裁量にまかされている。そこはまさに店長の腕の見せどころ、判断のしどころなのだ。で、どうするか考えていると。いつの間にか背後のテーブル席に西尾さんと片岡さんがいた。ずっと顔を下に向けて手帳を見ていた僕には気づかなかったらしい。僕自身、しばらくしてから、二人が話す声で気づいた。

九月最後の日曜日。二人とも出勤していた。ほかに学生アルバイトさんも入れていたので、人員的には余裕がある。だから一緒に休憩に出たのだ。土日ならそうなることもある。店には正社員の竹口さんもいるから問題はない。

振り向いて声をかけようかと思ったが、やめておくことにした。休憩所で店長と一緒になったら休憩にならないだろうとも思ったのだ。だからといって、このあとに気づかれたら何だか盗み聞きをしていたみたいでバツが悪いが。

　気づいたからには、会話の内容も聞こえてくる。

「あのお客、ほんと、何なのかなぁ。服を見てもちゃんと戻さないしさ」

　そう言った西尾さんに、片岡さんがこう応える。

「変なふうにたたまれて戻されるよりいいじゃん」

「でもたたもうともしないでそのままクシャッと置くんだよ。取りこんだ洗濯物みたいに。普通そんなことする？　店の商品で」

「店員がたたむと思ったんでしょ。実際、たたむし。もしかしたら、わたしたちみたいな服屋なのかもよ」

「え？」

「だからあえてそうしてんの。どう戻しても結局は店員がたたみ直すことがわかってるから」

「こっちのことを考えてくれてるわけ？」

「そう」

「まさか！」そして西尾さんは言う。「あの人、いつもそうなのよ。こないだなんてさ、服を棚から落としたまま帰っていったからね」

「それは、気づかなかっただけなんじゃないの？」

「気づいてたよ。だって、そのあとにもう一度そこを通ってたもん」

「うーん。じゃあ、まあ、それも店員が拾うと思ったんでしょ。実際、拾うし」

「わたしが拾おうと思ったらほかのお客さんが拾ってくれたの。だから、あ、すいません、て駆け寄った。その人、それを見てたからね」

「その人って、落としたお客さん？」

「そう。で、結局は何も買わないで帰っていった。ひどくない？」

「そういうこともあるでしょ」

「毎回そんなだよ」

「どんな人？」

「頭が悪そうな男」

「って言っちゃう小花がひどい」と片岡さんが笑う。

「見るだけ見て買わないとか、説明させるだけさせて買わないとか、やめてほしいよ。靴下一足買っただけでお客ぶるのとか、ほんと、勘弁してほしい」

「え、何、買ってくれたことあんの？」

「前にね。かなり前。ほんとに靴下一足。しかもクリアランスの対象になってたやつ」

「なら三足千円のではないってことでしょ？　まあ、そうだとしても関係ないけど」

「関係ないって？」

「お客さんはお客さんでしょ。いや、一度も買ってくれたことがないとしても、お客さんだよ。店に来てくれてる以上は、みんなそうだよね」

「ちがうでしょ」

「そうでしょ。これから買ってくれる可能性はあるんだし」

「ないよ。ああいう人はもう買わない。冷やかしに来てるだけだよ」

「冷やかしに来たけど買うって可能性もあるじゃん」

「ないでしょ。頭が悪いから、接客だけさせて喜んでるんだよ。こっちがはいはい言うこと聞くのを見て楽しんでるの。ほんっとに頭が悪いから」

「いや、ちょっと」

「何？」

「それはやめな」

「それはって？」

片岡さんは、少し間を置いてから言う。

「自分が何かされたわけでもないのにお客さんを悪く言うようになったら終わりだよ」

「は？　わたし、何かされてるじゃない。服をクシャッと置かれてるし、棚から落とされてるし」

「そんなの、店員ならよくあることじゃん。小花が個人的に何かされたわけじゃないじゃん」

「何、社員みたいなこと言ってんの？」

「バイトか社員かは関係ないよ。店員は店員。で、店員がお客さんをそんなふうに言うのはなしだよ」

正直、途中から僕は固まっていた。長イスで小さくなっていた。頭が悪そうな男、と西尾さんが言ったあたりからだ。

まず、西尾さんの口調というか話し方に驚いた。お客さんと話すときとはまったくちがう。

僕と話すときともまったくちがう。だがおそらく、同僚で同い歳の片岡さんと話すときはいつもそうなのだ。

やはり少し間を置いてから、西尾さんが言う。

「何、泉、いきなり正義？　そういうの、ウザいんですけど」

片岡さんにああ言われて西尾さんもこたえただろうが。そう返されたら、普通は返されたほうもこたえる。もしかしたら、より強くこたえるかもしれない。

が。片岡さんはちがう。そんなことでこたえる片岡さんではない。

「こんなときに正義とか言って茶化してごまかそうとする小花も相当ウザいよ」

それには西尾さんも黙る。黙らざるを得ない。

今僕に気づかないでくれよ、と二人の背後で思う。思いながら手帳を見る。というか、もはや見てはいないのにパラパラとページをめくる。見てますよ、秋物のセールについて考えていますよ、という感じに。

驚きはしたが。まさに驚いただけ。今ので西尾さんのことをいやだなと思ったりはしない。二十代での店長時代なら思ったかもしれないが、今は思わない。

人には裏表がある。当たり前だ。人は外面がいい。それも当たり前だ。他人だとヤラしく見えるだけ。自分もそうなることに、そのときは思い至らないだけ。

実際、西尾さんは片岡さんにだから話したのだ。お客さんに直接何か言ったり、不快な態度をとったりしたわけではない。

西尾さんが店では絶対にそうしないことはわかっている。店がアルバイトさんに求めていいのはそこまでだ。だから今ので西尾さんの評価を下げたりはしない。休憩所で見聞きしたあれこれで店長がそれをしてはいけない。

そんなわけで、西尾さんに関しての動きはない。ただ、僕のなかで片岡さんの評価が上がったことは確かだ。そちらは、上げてもいいのだと思う。休憩所で見聞きしたことではあっても。

不覚にも、というのも変な話だが。僕はちょっと感動してしまった。このことがあった二日後にはもう片岡さんに声をかけていた。西尾さんは休みで片岡さんは出勤という火曜日だ。

休憩所で話すことではないので、狭い事務スペースに片岡さんを呼んだ。店は学生アルバイトさんにまかせて。

今日は竹口さんも休み。あえてそこを狙った。これは店長である僕の一存でやることだから、ほかの人には洩らさないでおこうと思ったのだ。

事務スペースはレジの奥。ドアはないが、奥の奥。パソコンが置いてある机のところで話せば、聞かれる心配はない。

僕は机の前のイスに座り、片岡さんにはその隣の丸イスに座ってもらう。まさに採用面接をしたときのような感じだ。

切りだす。

「ねぇ、片岡さん」

「はい」

「これは真剣な話なんだけど」

「え、何ですか？　わたし、クビですか？」

「いや、何でよ」

「だって、真剣な話と言ったらそのくらいしか」

「だいじょうぶ。クビじゃないよ。そんなわけがない」

「じゃあ、何ですか？」

「えーと」

「もももしかして」

「ん？」

「店長、わたしにコクる気ですか？」

「いやいや。そういうのでもないよ」

「何だ。ないのか」と片岡さんは笑う。

さすがに僕も笑う。

こんなときでも冗談を言うのが片岡さんだ。これは、外面がいいと見るべきなのか何なのか。

「コクるにしたって、ここでしないでしょ。仕事場で」

「でも社内不倫とか、ありそうじゃないですか。ドロドロのやつ」

「不倫て。おれは結婚してないよ」

「そうでした」

「だから、まあ、そういうのはまたいずれ」

「いずれ、あるんですか？」

「ないけど」

「ないのかよ。で、クビでも不倫でもないなら、何ですか？」

「あのさ」

「はい」

「社員になる気は、ない？」

「はい？」

「正社員」

「わたしがですか？」

「うん。片岡さんが」

「うおぉ」

「もし片岡さんにその気があるなら、上に推薦したいなと思って」

「上に」

「うん。本部ね」

「すごい。わたしを社員にしてくれるんですか？」

「そう。といっても、上の判断もあるから、即決定とはいかないけど」

「でもすごい。だいじょうぶですか？　わかってます？　わたしですよ？」

「だいじょうぶだよ。片岡さんなら、僕も自信を持って推薦できる」

「これはもう、コクられたみたいなもんですね」

「いや、それとはちがうけど」

「それ以上ですよ」

「どう？」

「うーん。社員かぁ。わたしが竹口さんみたいにやれるとは思えないですけど」

「そんなことないよ。服を売るのは好きでしょ？」

「それは、好きですね。すごく好きです」

「服も片岡さんのことが好きだと思うよ」

「おぉ。店長、すごい落とし文句。何かヤラしい。エロいです」

「エロくないでしょ。やめてよ。セクハラしたみたいになっちゃう」

「したのはわたしか」とやはり片岡さんは笑う。

「社員になれば、給料も上がるよ。といっても、初めのうちは少しだろうけど。でもボーナスも出るし」

「ボーナス！　それはデカいですね」

今すぐ返事をしなくていいから、じっくり考えてみて。と言うつもりでいたのだが。

そこは片岡さん。すぐに返事をしてしまう。

「やめときます」

「えっ？」

「すごくうれしいです。店長にコクられた場合より今のほうがずっとうれしいと思います。でもわたし、まだバイトのままこの仕事を続けたいです。それは、ダメなんですか？　断ったら、バイトはクビですか？」

「いや、まさか。そんなことしないよ。アルバイトは続けてほしい」

「よかった。じゃあ、このままでいます」

「あぁ。そう、なんだね」

「すいません。せっかくムチャクチャいいお話をもらったのに」

「いや、それは。こちらの一方的なあれだから」

「あ、そうだ。わたしなんかが言うことじゃないですけど」

「何？」

「小花はどうですか？」

「西尾さん？」

「はい。小花のほうがわたしよりずっと仕事できるし。ここだけの話、社員になれないかなぁ、なんて言ってたこともありますよ」

「そうなんだ」

「って、これ、ほんとにわたしが言っていいことじゃないですね。聞かなかったことにしてください。と言いつつ、参考にできるなら、しちゃってください」

「参考に、させてもらうよ」

「じゃあ、もういいですか？　仕事に戻りますよ」

「うん」

「っていうの、何か、できる人っぽくないですか？」

「ん？」

「仕事に戻りますって。何か、できるバイト、みたいな感じ、しませんでした？」

「あぁ。ちょっとしたかな」

「ちょっとかい」と笑いながら、片岡さんは丸イスから立ち上がる。

そして売場へと戻っていく。

できるバイト。だよなぁ。と思う。


翌水曜日は、片岡さんが休み。

社員になってくれないのは残念だな、と思いつつ、じゃあ、当初の予定どおり西尾さんで行くか、とも思いつつ、仕事に当たる。

平日なので、お客さんは多くない。やはり多いのは土日祝日だ。それ以外なら、クリアランスセールの初日とか。チェックする人はちゃんとしてくれているのだ。午前中に来て、お目当てのものをサッと買っていく。まとめ買いしてくれる人もいる。ありがたい。

なかには、セールが始まる前に、このジャケットはセールの対象になりますか？　とはっきり訊いてくる人もいる。答えづらいが、そこは答えるしかない。たぶん、なると思います。ただし、こう付け加えるのも忘れない。でもその前に売れてしまう可能性もありますので、そうなったらすみません。

そしてこの日、夕方にはうれしいお客さんが来てくれた。高校生の男子二人組だ。

高校生とはっきりわかるのは、制服を着ているから。寄道は、推奨されることではないだろうが、高校生にもなれば禁止されることでもない。

僕も宇都宮での高校時代は電車通学だったので、よく寄道をした。本屋やＣＤ屋やゲームセンター。最後はハンバーガー屋。服屋にはあまり寄らなかった。寄ったのは買うときだけだ。歳上の店員と話すのは結構楽しかった。試着をして似合うと言われたらうれしかったし、いいの選んだね、と言われたらなおうれしかった。

で、今は歳をとり、店員という立場。

高校生が平日に寄道までして来てくれることがうれしい。なのにこんなことを言うのは大変失礼だが。制服姿なら万引の可能性も低いのだ。それでどこの生徒かはわかってしまうから。

ちょうど西尾さんが休憩中なので、僕が店に出ていた。

いらっしゃいませ。ごゆっくりご覧ください。と声をかける。いつものように、まずはそれだけ。

次いで、本部から届いたばかりのポスターの貼り場所の検討にかかる。ウチのブランドのポスターだ。モデルは人気タレントの春行《はるゆき》。今はテレビのドラマやバラエティ番組に出たりしているが、実はモデル出身らしい。

二人で来てくれたのなら変に声をかけないほうがいいかもな、と思いつつ、ポスターの貼り場所を考えていると。その声があちらからかかる。二人組の一人だ。背が少し高く、眼鏡はかけていないほう。

「すいません」

「はい」

二人のもとへ素早く歩み寄る。

「今日って、片岡さんはいないんですか?」

「すみません。今日はお休みを頂いております」

「あぁ。そう、ですか」

この二人、制服を着崩してはいない。せいぜい、ネクタイをゆるく締めている程度だ。ともに、どちらかといえばおとなしめの印象がある。

ちなみに、僕自身は、上から下まで店の商品でそろえている。薄手のカーディガン。ボタンダウンのシャツ。柄もののパンツ。キャンバス地のスニーカー。すべてそうだ。

「片岡が、何か」と尋ねてみる。

「あ、いや、服を、選んでもらおうと思って」

「そうでしたか」

「前に選んでもらったのがすごくよかったんですよ。柄もよかったし、着やすかったし。だから、今日は友だちにも選んでもらおうかと」

その友だちが眼鏡の子、ということだろう。

「もしかして、来店のお約束とかを、されてました?」

「いえ。そういうのはしてないです。今日は都合がよかったから来ただけで」

「せっかくお越しいただいたのに、申し訳ないです」

「いえ、ぼくらが勝手に来ただけなので」

「前にも片岡から買っていただいたんですね」

「はい。いろいろ教えてくれたんで、名前を覚えちゃいました。試着とかも結構させてもらって。服はサイズが大きめのを買っとけばまちがいないと思ってたんですけど、そんなことはないんですね。ちゃんとサイズが合うものを選んだほうがいいって、片岡さんに言われました。シャツにしてもパンツにしても、それだけで見栄えは変わるからって」

「あぁ。確かにそうなんですよね」

「初めからデカめというか、ゆったりめのTシャツとかもあるじゃないですか。あんなイメージで、大きめでもおかしくないとぼくは思ってたんですけど。片岡さんが、あれはサイズが合ったうえでの大きめだからおしゃれに見えるんだって。そのときに、服は女の人に選んでもらうのが一番いいんだって気づきました」

「それは、すごくよくわかります」

「ぼく自身の感覚だと、何かダメなんですよね。はっきり言っちゃうと、ダサくなっちゃって。あ、いえ、ここにある服がダサいとかそういう意味じゃなくて。ぼくが選んだものをぼくが着るとダサいってことですけど」

男子があわてててそう説明するので、つい笑う。何というか、人がよさそうな子だ。お客さんが店員相手にそこまで気をつかわなくていいのに。

男子はなおも言う。

「あの、だからといって、別にストーカーとかではないですよ」

「はい？」

「ぼく、片岡さんのストーカーではないです」

「わかってます」とやはり笑いながら言う。「だいじょうぶです。疑ってません」

「初めて来たときは、見るだけで、買わなかったんですよ。お金を持ってきてなかったんで。何かいいのあるかな、くらいの感じでした。でも片岡さんはすごく丁寧に説明してくれて。だから途中で言ったんですよ。今日はお金を持ってきてないから買えないって。それは別にいいですよと片岡さんは言ってくれて。そのあともあれこれ説明してくれて。で、次に来たときはぼくのことを覚えててもくれて。すぐに声をかけてくれました。あ、来てくれたんだって」

「そのときに、買ってくださったんですか」

「はい。またそこでもいろいろ見てもらって。片岡さん、すごく話しやすいですよね」

「そうですね」とそこはへりくだらずに同意する。

「正直、ぼくは、女子とあんまりうまく話せないんですよ。テレビとかでよくやってるカリスマ店員みたいな人もちょっと苦手で」

「カリスマ店員」

「はい。でも片岡さんはだいじょうぶでした。この人もカリスマなのかな、と最初は思ったんですけど、全然そんなことなくて。って、これも悪口じゃないです」

「わかります」とそこでも笑いながら言う。「だいじょうぶです。まったく悪口には聞こえません。ほめ言葉に聞こえます」

「あの人、男の感じというか、ぼくらの感じをわかってくれますよね。女の人なんだけど女の人目線では見ないというか。自分の感覚だけで言わないというか。で、こういうのはどう？って言われたやつは、たいてい、いいんですよ。ぼく自身はそれを選ばなかったはずなんですけど。こういうのもありだなと、思えるんですよ。何か不思議です。押しつけがましくないのに、似合うものを着せたいみたいな気持ちはすんなり伝わってくるんですよね」

お客さんからのこの信頼。二十代から三十代というウチの店のターゲットからは外れる男子高生からの、この絶大な信頼。すごい。これは片岡さんもうれしいだろう。異性からの信頼は、本当にうれしいのだ。服屋の店員だと認めてもらった感じで。

その一店員として、僕も一応、言う。

「もしわたしでよろしければ、何かお見立てしますけど」

「あぁ。ありがとうございます。でも。片岡さんがいるときにまた来ます。すいません」

「いえいえ。こちらこそすみません。片岡が不在で」

二人の高校生が、それぞれに頭を下げ、店から出ていく。

その背中に言う。

「ありがとうございました。またよろしくお願いします」

見られてはいないが、頭は自然と下がる。かなり深く下がる。

今のように、僕は高校生が相手でも基本的には敬語をつかう。タメ口で話すのもありだとは思うが、初めて話すお客さんにそれはしない。

とはいえ。そうしないようにとアルバイトさんたちに指導したりもしない。そこは臨機応変でいいと思っている。例えば片岡さんがそれをするのと僕がそれをするのでは印象もちがうのだ。片岡さんは片岡さん。僕は僕。それでいい。

一瞬にしてそんなようなことを考えて頭を上げると。二人と入れ替わるように西尾さんが戻ってくる。

「休憩頂きました」

「はい。またよろしく」

「高校生、ですか？」

「うん」

「寄道で来てくれるのは、うれしいですね」

「そうだね」

西尾さんは西尾さんで、いい社員になってくれるだろう。そこは疑わない。

が。ベストが無理だからセカンドベストを選ぶ。そんなことはしない。

やっぱり片岡さんだな、と思う。

二〇一二年　井田歌男　二十六歳

「おつかれ」とおれが言い、

「おつかれさまでした」と浦川《うらかわ》しほりが言う。

二人、グラスのビールで乾杯する。カチン、と耳に優しい音がする。

「って、逆だよな」

「何ですか？」

「いや、何かさ、引き継ぎしてもらった側がおつかれとか、偉そうだなと思って」

「そんなことないですよ。だって、井田《いだ》さんは先輩なんだから、どんな状況でも、おつかれ、でいいです。少なくともわたしには」

「でも普通は、先輩が後輩に引き継ぎするよね」

「いやぁ。そんなこともないんじゃないですか？　先輩だって異動はしますし。前任者がたまたま後輩だっていうこともありますよ」

「まあ、そうだろうけど。でもこの歳でそうなってるのもどうなんだろう」

この歳。二十六歳になる歳。そう。おれはまだ入社四年めなのだ。なのに一年下の後輩から引き継ぎを、いや、引き継ぎ返しを受けてる。引き継ぎ返し。そんな言葉はない。おれがつくった。状況を見ればそうだから。

乾杯したあとは料理を頼む。ここはインド料理屋。タンドリーチキンに、海老のココナッツ炒めに、ひよこ豆とたまねぎのサラダに、ナン。ナンは、チーズを包んだチーズクルチャというやつと迷った末、プレーンのそれにした。

おれはナンが好きなのだ。生地そのものが好き。何ならカレーはいらないくらい。ナンのみでもいい。ランチでナンお代わり自由の店なら、三枚はいく。がんばって四枚いくこともある。

それにしてもだ。今ここにいることが不思議。ここでこうしてナンを頼んでることが不思議。まさか二年弱で東京に戻るとは思わなかった。

おれはこっちの生まれだから、いずれ戻りたくはあった。が、五年ぐらいはそっちでと覚悟してもいたのだ。どうせだからそっちの人たちとも強固なつながりをつくっておこう、と。

そもそも、入社二年めの七月に本社へ、という変な異動だった。酒造会社の営業がどんなものなのかを知り、さあこれからは自分なりのやり方を見つけて突き進むぞ、と思った矢先に辞令。営業課長に言われたときは、えっ？　と言ってしまった。その後人事課長に言われたときは、あぁ、ほんとだったんですか、と言ってしまった。

まだ入社二年めなのに、その年の四月に入った社内研修を終えたばかりの新人に引き継ぎをした。前任の横倉《よこくら》さんから一年前に聞いたことをほぼそのまま伝えるという、伝言ゲームのような引き継ぎだった。

そして自らは神戸へ異動。そして入社四年めの四月にはもう東京支社へ復帰。

期待されて本社へ引っぱられたが大したことなかったので放逐。そんなふうに見えないこともない。まあ、その一年九ヵ月は会社が独身寮代わりに借り上げてくれたアパートに住んだので安く上がり、神戸の町もそれなりに楽しめたから、悪くはなかったと見ることもできるが。

要するに、長期の出張だったと考えればいいのだ。とはいえ、そう考えたのはおれだけ。東京へ戻ることを伝えたら、母ちゃんは驚き、あんた何かやったの？　と言った。やってないと言ったのだが、あとで親父までもが、お前ほんとに何もやってないんだな？　と言ってきた。何かやってもおかしくない息子。そう思われてたらしい。

で、おれが入社二年めに引き継ぎをした新人がしほりだ。

その引き継ぎのときにもう感じた。しほりは優秀だった。

メモはとったが、すべてを書き留めるようなことはしなかった。おれが言ったことを素早く頭のなかで整理してから、本当に必要なことだけを書いた。言われたことをすべて書き留め、逆にあとで何が大事かわからなくなってたおれとは大ちがい。こりゃ二ヵ月で抜かれるな、と思った。初めからこの人を寄越してよと取引先に思われるな、とも思った。

そのしほりに、今度はおれが引き継ぎを受けた。入社一年めにおれが担当し、その後はしほりが担当してた関東エリアのスーパーやドラッグストアなどの量販店営業を、またおれがやることになったのだ。しほりはこのあと、業務用酒販店や飲食店への営業にまわる。何となく先を行かれた感じだ。

引き継ぎにかけたのは三日。主要店舗をまわり、そこのバイヤーさんなどに担当者変更のあいさつをした。エリアは広いため、主要店舗をひととおりまわるだけで時間がかかるのだ。

おれがいたときと同じバイヤーさんがいる店もあったし、ちがうバイヤーさんに替わってる店もあった。一年しかいなかったおれを覚えててくれたりすると、さすがにうれしかった。でもたいていは、何、もう戻ってきたの？　と言われた。なかには、おれの両親と同じように、何かやらかしたの？　と訊いてくる人もいた。やらかしてません、と返したが、まあ、やらかしたとしても言えないか、と返された。冗談であることを願う。

今日のこれは、三日間の引き継ぎが終わって、はい、おつかれさまでした、ということでの、飲み。言ってみれば打ち上げだ。たかだか三日の仕事で打ち上げもないが、しほりがかなり計画的に、そして丁寧にやってくれたので、何かお礼がしたかった。だったら飲みだよな、ということで、おれが誘った。先輩ということもあって。

仕事を終えて一度会社に戻ったから、場所はその東京支社がある銀座。そこのインド料理屋だ。

「何食う？」としほりに訊いたら、

「インド料理！」という答が来た。

「カレー？」

「というかインド料理ですね」

「あぁ。ナンとかが出てくるカレーだ」

「はい。タンドリーチキンでビール飲みたいです」

「おぉ、いいね。ただ、ああいうとこだと、おれ、ナン食っちゃうんだよな」

「食べましょうよ」

「ナン食ってビール飲むと、腹がすげえふくれんのよ」

「ふくらましましょうよ」

「おれ、ほんとに食うからね。デカめのナン三枚とかいっちゃうし。ランチなら四枚」

「ふくれそうなら抑えればいいじゃないですか」

「抑えられるかなぁ。ナンの誘惑に打ち勝てるかなぁ」

「もしかして。いやですか？　インド料理」

「いやいやいやいや。いやじゃない。行きたい。行こう」

そんな流れで、今ここにいる。実際にナンを食べている。

一枚めは速攻でクリアした。そこへのビールで、早くも腹はふくれ気味。わたし、ナンはいいんで、井田さん全部食べてください、としほりが言うので、本当に全部食べてしまった。

それでもなお、次のチーズクルチャを狙ってる。箸休めというかフォーク休めにサラダのひよこ豆を食べながら、頼もうかどうしようか考えてる。ひよこ豆って名前は何かいいよなぁ、とついでに考えたりもして。

仕事の打ち上げなんだから仕事の話もしなきゃいけない。ということで、二杯めのビールを飲みながら、しほりに訊いてみる。

「浦川さんはこれからだ？　引き継ぎ」

「はい。緊張しますよ」

「何で？」

「だって、八塚《やつづか》さんて、かなりできる人なんですよね？」

「あぁ。そうみたいね」

八塚初樹《はつき》さん。おれより四歳上の人だ。おれが新人のときに引き継ぎを受けた横倉さんの一つ上。東京支社では一年しか重なってないから、あいさつぐらいしかしたことはないが、できる人だと聞いてはいた。

おれが新人だったから、八塚さんは当時五年め。それでできると社内で言われるのはすごい。実際、若手や中堅の人たちだけでなく、課長クラス部長クラスも言ってた。さらには、おれが神戸の本社にいるときもその名前が聞こえてきた。東のエースとして。まちがいなく、いずれ営業部門でトップに立つ人だ。

その八塚さんが営業を離れてどこへ行くのか。マーケティング本部に行く。いろいろ経験させるための道、出世街道、を進んでるのだと思う。

「自分がそんな人の後任だと思うと、震えが来ますよ」

「いや、浦川さんはだいじょうぶでしょ」

「だいじょうぶじゃないですよ」

「だって、今日まわった先でもすごく評判がよかったじゃない。本人の前でほめてくれるって、相当だよ」

「いないとこでほめてもらえるなら本物かもしれませんけど、いるとこでほめられるならそれはお世辞ですよ」

「と、おれも前はそう思ってたけど。実はそうでもないよ。いるとこでほめてくれるっていうのはさ、本人にそれを知ってもらいたいって気持ちがあるからじゃん。それはやっぱ本当に評価してるからなんだと思うよ。評価してなかったら、そうする気持ちにはならない」

二人であいさつに行ったスーパーなどの取引先で、しほりの評価は高かった。え、浦川さん、替わっちゃうの？　とあちこちで言われた。しほりちゃん、と言うバイヤーさんもいた。このご時世、他社の女性をちゃん付けで呼ぶのは相当だ。よほどの信頼関係がなければ、こわくてそんなことはできない。

「それは皆さん、礼儀として言ってくれただけですよ。去る相手に、よかった、せいせいした、みたいなことは言えないですもん」

「だとしても、ムチャクチャほめたりもしないよ。ご苦労さん、の一言ですむんだから」

「わたしのことより、皆さん、井田さんの復帰を喜んでたじゃないですか」

「いや、喜んではいないよ。顔は知ってたから、ただ反応しただけ。あれこそ礼儀でしょ。これから一緒にやる相手に、何、お前、来ちゃったの？　とは言えないから。むしろヤバいと思ったんじゃないかな。うわ、マジかよって」

「何でですか」

「だって、ほら、おれがいたのは一年だし。しかも新人の一年。ミスの嵐だったからね」

「でもすごく期待してましたよ」

「お前もう新人じゃねえよな？　だいじょうぶだよな？　っていう期待でしょ。舐めなとこからスタートしてる期待」

「そんな」

「でも浦川さんなら次のとこでもまさにだいじょうぶ。八塚さんにだって引けをとらないよ」

「とりますよ。とりまくりますよ。まず、八塚さん自身に、だいじょうぶか？　と思われちゃうんじゃないかな。引き継ぎのときにすでに。だから緊張しますよ」

「まあ、おれとのときよりはするだろうね」

「まちがいなく、します。って、それは失礼か」

「いや、失礼じゃないよ。八塚さんとおれは分けて考えてくれていい。できる人とできない人。そう分けてくれていい。できる人は、ランチで入ったこんな店でナンを四枚食べて午後の動きを鈍らせたりはしないでしょ」

「井田さんは、してたんですか？」

「してたねぇ。こっちでも神戸でもしてたよ。ランチタイムはナンお代わり自由の店を事前にチェックして、ちょうど昼前後にその辺りの取引先をまわるよう調整したりね。で、午後は動けなくてハーバーランドのベンチでサボったりもしてたよ。いや、これはサボりではない、海を見て営業のアイデアを出そうとしてるだけだ、と自分に言い聞かせて」

「アイデア、出ました？」

「出ない。出そうとしてるときは、出ないよね。出そうとしてなくても出ないけど。もうさ、ただ動くしかないもんな、営業は。やりとりは全部メール、じゃ信用されないし」

「ですね」

「とにかく動いてるうちに何か見えてくる、みたいな感じだよね」

「はい。そういうことは、わたし、井田さんに教わりましたよ」

「え？」

「営業は動けっていうそれ」

「言ってないでしょ、そんなこと。浦川さんにおれが引き継ぎしたのは二年めだし。そんな偉そうなこと、言った？」

「直接は言ってないです。でも井田さんが異動したあと、取引先の人たちに聞きました。井田くんはとにかく熱心に動いてたって。何もプランはないけど、とにかくよく店に足を運んでくれたって」

「プランがないって。ダメじゃん」

「でも皆さん、すごくほめてましたよ。印象には残ったって。一年で印象を残すんだからすごいって」

「ほんとに？　うそついてない？」

「ついてないですよ」

「じゃ、大げさに言ってない？」

「言ってないですよ」

「そうか。じゃあ、ハーバーランドでサボってたとか言わなきゃよかった」

「営業はサボりますよ。わたしだってサボります」

「マジで？」

「はい。まあ、サボるというか、自分自身の整理をつける、ということですよね。それも仕事ですよ。メンタルを整えるのはやっぱり大事ですもん。営業は特にそうだと思います。弱った状態で行くと、自分から引いちゃって、いい結果は出ないですし。相手から見たら、意味がわからないですよね。提案しに来てすぐ引く営業なんて」

「確かに。じゃあ、よかったのか、ハーバーフンドでサボって」

「程度によりますけどね」

「二時間はダメ？」

「二時間！」

「いや、うそうそ。一時間」

「一時間！」

「それもうそ。三十分」

「二時間ですよね？」としほりが笑顔で言う。

「そのハーバーランドのときはね。腹いっぱいで動きたくなかったから、たまたまね」と弁解気味に自白する。

しほりはタンドリーチキンを食べ、ビールを飲んで、言う。

「井田さん、ハートマートの草地《くさち》さんとたまに飲みに行ったりしてたんですよね？」

「あぁ。うん」

ハートマート両国店の草地清仁《きよひと》さんだ。お酒担当のバイヤー。新人のおれによく声をかけてくれた。厳しい人ではあったが、楽しい人でもあった。

「スーパーのバイヤーさんが飲みに連れて行ってくれるって、すごいですよね。普通、逆じゃないですか。メーカーのわたしたちが接待する側だし」

「仕事絡みではなくて、個人的に連れてってくれた感じだからね」

「それこそがすごいですよ」

「そこは、ほら、同性の気安さだよ。草地さんも、さすがに浦川さんは誘いづらいだろうし」

「個人的にっていうことは、例えばおごってくれたりもしてたんですか？」

「うん。あちらはもう三十代後半で、こっちは二十二、三の新人だったから」

「草地さん、楽しそうに話してくれましたよ。井田さんと飲みに行くためにアポの時間をわざと遅めにしてた、なんて言ってました」

「あ、そうなの？　だからいつも夕方の五時とかだったんだ。で、おれが行く日の草地さんはいつも早番だから、不思議に思ってたんだよね。そんなからくりがあったのか」

「井田さん、草地さんの前でつぶれたこともあるんですよね？」

「うわ。それ、聞いたんだ？」

「はい。一部始終。そこで何を話したかまでは知りませんけど。井田さん、最初にビールを一杯飲んだあとは、ずっとウチの日本酒でいってたらしいですね」

「そりゃあ、日本酒をつくる会社の社員だからね。取引先の人と行ったときはそうするよ。ウチのを置いてくれてる店なら、ウチのを飲む」

「それで、草地さんも日本酒」

「そうそう。でもあのときはおれ、見事に飲みすぎちゃって。あのときって言ってるけど、ほぼ何も覚えてないからね」

「そうなんですか？」

「うん。あとで聞いたんだけど。草地さんが一緒にタクシーに乗って、おれのアパートまで送ってくれたらしいよ。で、おれを部屋に入れてからそのタクシーで自分の家に帰ったんだって。

ほら、タクシー代を払わなきゃいけないからさ、それでついてきてくれたわけ。っていうそれは、聞いてる?」

「聞いてます」

「合ってる?」

「合ってます」

「おれもそれを聞いて、そのタクシー代を払おうとしたんだけど。草地さんはいいって。たぶん、それだけで一万近くかかってるよ。両国からおれが住んでた北千住まで行って、そこから草地さんが住んでた東中野までだし。そのうえ酒をおごってもらってもいるからね。ヤバいよ。奥さんに怒られたんじゃないかな。そうは言ってなかった?」

「それは言ってませんでした」

「怒られたとしても、言わないか」

「井田さん、つぶれてるのに、タクシーのなかでもずっと言ってたらしいですね。うわ言みたいに。いや、ウチの酒がうまいからですよ、だからここまで飲んじゃうんですよって」

「ほんとに?」

「はい。それも覚えてないですか」

「まったく覚えてない」

「草地さんに謝りながら、ずっと言ってたみたいですよ。ウチの酒だからこうなっちゃうんですよって」

「それは、ちょっとマイナスだよね。ウチの酒だからこうなっちゃうって。悪酔いする酒みたいじゃん」

「そうは思いませんよ。草地さん、ちょっと感動したって言ってました。そこまで自社製品を愛せるのはすごいって」

「いや、そんな立派なことじゃなくて。たぶん、言い訳をしてただけでしょ。つぶれてるなりに、ヤバいとは思ってて」

「それだけじゃそんな言葉は出てきませんよ。その状態でそこまで頭はまわらないと思います」

「でも例えば八塚さんなら、絶対そんなことにはならないだろうなぁ。まず、草地さんにおごらせないよね。向こうが歳上だとしても、そこはわきまえるよ。かといって、自分が払うとほんとに接待みたいになるし、歳上の草地さんに失礼な感じにもなるから、割り勘だね。うん。誘われたら飲みには行くかもしれないけど、割り勘。で、つぶれるまでは飲まない。絶対」

「そこでそうなっちゃう井田さんも、悪くないと思いますけどね」

「いや、悪いでしょ。ダメでしょ」

「草地さんもそう思ってると思いますよ。実際、楽しかったと言ってましたし」

「草地さん。すごいんだよね。九州の出身でさ。もう、ザルなのよ。酒、強いなんてもんじゃない。日本酒でも焼酎でも、グイグイいくからね。いや、ほんと、ビールみたいにゴクゴクいく。別にこっちに飲め飲め言うわけじゃないんだけどさ、それ見てると、こっちもついつい飲んじゃうんだよ。引っぱられちゃうというか」

「そういう人は、そこで遠慮して飲まない人より飲んでくれる人のほうが好きなんじゃないですかね。今回は会えなかったけど。草地さんは待ってますよ、神戸帰りの井田さんを」

確かに今回は会えなかった。しほりはアポをとろうとしてくれたが、引き継ぎの三日間に草地さんの都合のいい日がなかったのだ。でも。井田くんなら引き継ぎなしでだいじょうぶ。今度一人で来るよう言っておいて。と草地さんは言ってくれたらしい。

「もう、アポの時間は夕方五時でお願いしますって、井田さんから言っちゃっていいんじゃないですか？」

「いや、さすがにそれは。で、もし飲みに行ったら、そのときは気をつけなきゃな。また同じことをやっちゃったら、本当にバカなのかと思われる。というか、本当にバカであることがバレる」

「草地さんと飲みに行くときは、事前に言ってくれれば、わたしが三十分おきぐらいに飲みすぎ注意メッセージを送りますよ。飲みすぎ注意コールでもいいです。電話のほうが確実だろうから」

「それはたすかるけど。そこまでしてもらわないと飲みすぎちゃうおれって、何？」

「何、でしょう」

「そこまでしてもらっても飲みすぎちゃう自信があるよ。草地さんと飲むのは楽しいから。あの人、三十代後半だけど、若いんだよ。おれが大学一年のときの四年の先輩、ぐらいの感じなんだよね」

「おぉ。そうか」

「それ、草地さんも言ってました。井田くんは大学にいたときの後輩みたいな感じがするって」

「大学自体は、ちがいますよね？」

「うん」

「取引先の人とそこまで仲よくなれるって、うらやましいですよ」

「お酒のバイヤーに女性はあんまりいないからね」

「いたとしても、女同士だとまたちがう感じになると思います。二人で飲みに行こうとは、ならないかな」

「そういうもの？」

「たぶん。いや、でもやっぱり、人によるんですかね」

「だと思うよ。女草地さん、もいるでしょ。それはそれでちょっと微妙だけど」

「いてほしいですよ」

「いてほしいね。でさ、おれも思ったよ」

「何ですか？」

「草地さんと飲むときは、インド料理屋に行けばいいのかも。ナンを先にがっつり食って腹をふくらませちゃえば、酒もそんなには進まないでしょ」

「あぁ」

「ということでさ、チーズクルチャ、頼んじゃってもいい？」

「頼みましょう。チーズ入りならわたしも食べたいです」

「よし。じゃ、いこう」

そしてそれと三杯めのビールも頼む。わたしは、としほりが二杯めに頼んだのは、何とも珍しい、バナナサワー、だ。

すぐに届けられたビールとバナナサワーをそれぞれ飲む。

「で、頼んでからさらに思ったんだけど」とおれは言う。「こういう店は日本酒を置いてないから、飲みすぎてもあの言い訳はできないよね」

「ウチのだから飲んじゃうっていうあれですか」

「うん。で、また思った。八塚さんならさ、こういうときもちゃんと日本酒を置いてる店に行くんだろうな。こんなふうに同僚と行くときも。で、ちゃんとウチの酒を飲む。売上に貢献する」

「あぁ。確かにそうかも」

「おれらも、ウチの酒を飲めよ、置いてる店を選べよって話だよね」

「はい。なのにインド料理屋さんに来ちゃった。せめて和食屋さんにすればよかったですね。でなきゃお蕎麦屋さんとか」と言いながら、しはりはあらためてメニューを見る。「あっ」

「ん?」

「日本酒、ありますよ」

「マジで?」

「ただ、ウチのじゃない」

「そうか。残念。なら、これを飲むしかないか」

そう言って、おれはビールを飲む。

しほりはバナナサワーを飲み、しばしの間を置いて、言う。

「でも」

「何？」

「よかった。これで無理に日本酒を頼まなくていい。と思っちゃってる自分もいます」しほりは笑ってこう続ける。「だって、チーズクルチャと日本酒は合わないですもん」

ここでこう言って笑えるしほりもできる人なんだろうな、と思う。八塚さんとはタイプがちがうだけだ。おれが草地さんなら、このしほりとも飲みに行きたくなるだろう。

八塚さんとしほり。先輩と後輩。ウチの会社には、いい人材が多い。

だからだいじょうぶ。おれみたいな社員がいてもだいじょうぶ。

チーズクルチャ、到着。


五年を覚悟していたが、二年弱。

東京に戻ってきたからには、泉のことを思いだした。あぁ、やっぱ思いだすんだな、と思った。思いだすというよりは、忘れてなかった、に近い。

片岡泉。元カノだ。

おれの実家はこっちにある。神戸から見ればこっち、という意味でのこっち。神戸にいたときはざっくり東京と言ってたが、東京都ではない。埼玉県だ。大宮とか浦和とかのいわゆるさいたま地域でもない。北部。本庄《ほんじょう》市。夏の高気温でおなじみの熊谷《くまがや》市よりさらに先。東京よりも群馬に近い。東京までは電車で一時間半かかるが、群馬の高崎なら二十分で行ける。

そうは言っても、通学通勤圏。通えないことはなかったが、大学時代は都営三田線の志村坂《しむらさか》上《うえ》に住んだ。板橋区だ。バイトで生活費は稼ぐから、とドラ息子として両親を説得した。もちろん、バイトはちゃんとやった。仕送りも、結構もらったが。

会社に入ってからは、北千住に住んだ。職場がある銀座に通いやすいところ。それでいて実家からもそう遠くないところ。ということで、東京メトロ日比谷線一本で銀座に行ける北千住を選んだ。足立区だ。

でもまさかの転勤で、そこは一年三ヵ月で退居。二年契約ではあったが、違約金は発生しないとのことで、ほっとした。

神戸に行って戻ってからは、同じ日比谷線でも人形町《にんぎょうちょう》に住んだ。何と、中央区だ。家賃は北千住のときより二万上がったが、がんばった。フロもユニットバスにランクアップした。北千住ではシャワールームのみだったが、人形町ではバスタブが付いたのだ。

そんなわけで、今は人形町に住んでる。がんばってよかったと思ってる。家賃が二万上がったのは痛いが、会社が近いのはやっぱ楽。その二万で時間を買ってると考えれば安いもんだ。毎朝二十分長く寝てられるのはデカい。

で、泉だ。

おれが泉と知り合ったのは大学生のとき。つまり、志村坂上時代。知り合ったきっかけはこれ。大学の友人辺見翔永《へんみしょうえい》の家に遊びに行ったこと。

翔永の家は千葉県の津田沼にある。津田沼はてっきり津田沼市かと思ってたが、そんなものはないらしい。習志野市、だ。で、その家はデカい。一戸建てで、シアタールームに家庭用サウナなんかも備えてる。一言で言えば、辺見家は金持ち。翔永の父親は開業医なのだ。

おれと同じ大学だから翔永自身は大したことないが、医学系の大学に行った優秀な兄恭永《きょうえい》がいるのでだいじょうぶ。医院はその兄が継ぐことになってる。おれと同じ経営学部を出た翔永自身は今、ＩＴ関連の会社に勤めてる。ソフトウェアを開発する会社だ。

その翔永が泊まりに来いと言うので、遠慮なく行った。わけもなくサウナに入ったり、シアタールームで高いワインを飲みながら大音量でアクション映画を観たりした。

一泊しての翌日。ごくごく平凡な家庭に生まれた自分を軽く呪いつつ、ＪＲ津田沼駅まで歩き、ふと商業ビルに入った。三足千円の靴下でも買っていこうと思ったのだ。そのとき履いてた靴下に小さな穴があいてたから。もしかしたら、シアタールームと穴あき靴下の圧倒的な差に心をやられたのかもしれない。

そしてメンズの服を置いてそうな店に入った。そこに泉がいたのだ。アルバイト店員として。

やられた。シアタールームにやられたのとはちがう感じにだ。

目を見張る美女、ではなかったが、泉はおれが好きな感じだった。あぁ、そうだよ、これがおれの好きな感じだよ、とそのときはっきり思った。くだけてて、時にちょっと無遠慮で。でも根っこのよさは伝わるから憎めない。

「いらっしゃいませ。何かお探しでしたらおっしゃってください」

泉がそう言ってくれたので、ならばとおれは尋ねた。

「靴下はどこですか？」さらにこう。「三足千円のとかありますか？」

「ありますよ」

泉はそこに案内してくれた。さらに、ここからここまでは全部そうですので、と三足千円ゾーンを教えてくれた。

　おれは五分ほどをかけて三足を選び、レジに持っていった。無地二、柄一、にしたはずだ。いつもそうだから。

　すると、泉は言った。

「二十四センチから二十六センチまでのものと二十六センチから二十八センチまでのものが交ざってますけど。だいじょうぶですか？」

「あ、ほんとに？　でも、まあ、おれは二十六だから、だいじょうぶか。それならどっちもいけるってことだよね？」

「普段はどっちを履かれてます？」

「えーと、二十四から二十六のやつか。靴は、メーカーによっては二十五・五のときもあるから」

「それで靴下に締めつけられる感じはないですか？」

「だいじょうぶ。二十六から二十八のを履いたときにちょっとゆるい感じがあったりはするけど。靴を履いてると靴下のなかで足が動いちゃう、みたいな」

「だったら、二十四から二十六までのにしたほうがいいかもしれません。大きめだと、ずり落ちてくる可能性もありますし」

「あぁ。それはちょっといやだね」

「ですよね？　わたし、見てきますよ。あれば持ってきます」

　そう言って、泉はダッシュで見に行ってくれた。そして発見。ダッシュで戻ってきた。

「よかった。ありました。ラス一。セーフ！」

その、セーフ！　につい笑った。泉も、おれが笑うのを見て笑った。その笑顔がムチャクチャよかった。やられた。

三足千円。消費税込みで、千五十円。払ったあとに言ってしまった。

「あの、シャツを見てもらったりは、できる？」

「はい。どんなシャツですか？」

「えーと、どんなのでもいいんだけど」言ってから、それは変だろ、と思い、足した。「まあ、ボタンが付いてるやつかな」

おれが想定してたのは、無地のそれだった。水色とか紺色とか、ブルー系のやつだ。が、泉が薦めてきたのは柄ものだった。ベースは紺だが、それまでは着たことがなかったタータンチェックみたいなやつ。しかも襟がほとんどないスタンドカラーとかいうタイプ。

これが結構よかった。

「すごくいいと思います」と泉も言ってくれた。「派手すぎないし、無地のどんなパンツにも合いますよ」

買ってしまった。そんなつもりはなかったのにだ。持ち金ギリ。実際、帰りの電車代は足りなかったので、商業ビルから出ると少し戻って郵便局のＡＴＭで金を下ろした。確かそのあと母に電話をかけ、ごめん、今月もう一万！　とも言ったはずだ。

そして一週間後。おれはまたしてもその店を訪ねた。志村坂上から津田沼。時間もかかるし金もかかるが、やはりがんばった。その日は翔永宅に泊まる予定もないのにがんばった。ちょうどバイト代が入ったのでたすかった。

その一週間で、おれはまた泉に会いたくなってた。会いたくてしかたがなくなってた。そのときはまだ泉という名前を知らず、あの店員さん、だったが。

今度は、無地のどんなパンツにも合いますよ、のその無地のパンツを買うつもりだった。どんなパンツでも合うと言ってるのだからその店のパンツでなくても合うはずなのだが、自分に不都合なその理屈は無視した。

その日も店にいてくれた泉に、自分から声をかけた。一週間前に買ったシャツを着てたこともあってか、泉はすぐに気づいてくれた。今日はパンツを買いに来たと言ったら、ムチャクチャ喜んでくれた。

このときはイージーパンツを買った。テーパードになってるやつだ。色はカーキ。あとは、安くなってたので、ついでにキャップも買った。色はベージュ。カーキもあったのだが、やや薄いそっちを選んだ。わたしもそっちだと思います、と泉も言ってくれた。もしお客さんがパンツと同じカーキを選んでたら、ベージュはどうですか？　と言うつもりでした、とそんなことまで言った。

それにもやはりやられた。もう完全に好きになってた。志村坂上からそう何度もは来られない。おれは意を決して言った。

「あの」

「はい」

付き合ってください、は何かいやだった。こうやって商品を買ったんだから付き合ってください、になってしまいそうな気がしたのだ。だからこっちにした。

「好きになっちゃいました」

「はい？」

胸の名札を見て、言った。

「えーと、片岡さんのことが」

とまどうかと思ったが、泉はあっさり言った。

「ほんとですか？」

「ほんと」

「わたし、好きになってもらえるようなこと、しました？」

「したような、してないような。まあ、特別なことは何もしてないけど。でもとにかく好きになっちゃいました。ご飯とか行け、ない？」

泉はやはりあっさり言った。

「行けますよ」

逆におれが言った。

「え、行けんの？」

「はい。わたしもご飯は食べますし。ご飯は人と食べたほうがおいしいですし」

さすがにその日は無理だったので、別の日にご飯を食べた。

泉の提案で、韓国料理。いきなりの、肉。サムギョプサルやチーズタッカルビを食べた。ビールも飲んだ。うめ～、とおれが言い、うめ～、と泉も言った。初デートなのに、かまえず話すことができた。

おれがずっとタメ口で話してたのはてっきり泉が歳下だと思ってたからだが、実は同い歳だった。泉自身、そうとわかるとすぐにタメ口になった。

「それにしてもさ、歌に男で歌男《うたお》って、すごいね」と言った。

歌男。おれの名前。おれは井田歌男なのだ。

「親がどっちもカラオケ好きなんだよ」と説明した。「五十を過ぎた今も夫婦でカラオケボックスに行くぐらい好き。結婚前のデートもカラオケばっかだったんだと。だから、結婚して生まれてきたおれは歌男。女だったら歌子《うたこ》にしてたらしいよ」

「何それ。最高じゃん」と泉は言った。

「いや、最高ではないだろ」

「親の仲がいいのは最高。それ以上の最高はない」

泉は船橋市の出身。高校を出てバイトを始め、一人暮らしも始めた。家賃を少しでも下げるために津田沼より下ることにしたそうだ。

住んでたのは蜜葉《みつば》市。蜜葉市みつば、だ。市名は漢字だが、町名はひらがな。みつばは埋立地。あとからできたので、読みやすいようにそうしたという。いわゆるベッドタウンで、完全な住宅地。飲食店は、JRみつば駅前にファミレスや居酒屋がちょこちょこある程度。パチンコ屋だのカラオケボックスだのの施設は一つもない。

区画整理されてるから、道はまっすぐだ。一戸建ての家がずらりと並んでる。そこにいくつかアパートが交ざる。蜜葉市役所がある通りを渡った側にはマンションもたくさんある。三十階建てのタワーマンションまである。おれがよく行ってたころはまだ建設中だったが、もうとっくにできてるはずだ。

その一戸建てにいくつか交ざるアパートの一つが、メゾンしおさい。ワンルーム。そこの一〇三号室が泉の住まいだ。建物の外壁は淡い水色。海が近いからその名前になった。海といっても、潮騒《しおさい》感はまるでない東京湾だが。

メゾンしおさいにはよく行った。初めて行ったのは学生のとき。志村坂上に住んでたときだ。働きだして北千住に移ってからも、もちろん、行った。

正直、そこでは迷った。もう少し蜜葉に、つまり泉に近いとこに住もうかと思ったのだ。が、踏みとどまった。結婚まで考えるほどの関係ならそうしてたかもしれない。でもさすがにそこまではいってなかった。なのにそうしたら後悔するような気もした。別れることだってあり得るわけだから。

今思えば、そこが境だった。その、おれが就職して北千住に移ったとこが、だ。

おれが学生でいたときのほうが、仲はよかった。社会人になって、一気に歪《ひず》みが出た。とりあえず仕事を優先させ、おれは北千住に住んだ。そこからほぼ毎週のように蜜葉へと通った。二人がともに休みの日の前夜。おれが仕事を終えたあとに。

泉が北千住に出てくるのをめんどくさがったので、いつもおれが行ってたのだ。それもちょっと不満だった。まあ、銀座からだから、一時間ぐらいでは行けたのだが。

「たまには北千住に来いよ」

おれがそう言うと、泉はこう言った。

「だって、歌男の部屋はバスタブがないんだもん。わたしはお湯に浸かりたいの」

「それはアパートを決めるときに言ってくれよ」

「フロ付きにするって言ってたじゃん。そのフロがまさかシャワールームだとは思わないよ」

「泉自身が住むわけじゃないんだからいいだろ」

「それに電車代も結構かかる。バイトの身分で往復千円以上とか出せないよ」

「電車代ぐらい出すからさ」

「ぐらいってその言い方。何か偉そう」

でもそんなことを言いながら、泉も、神奈川県の大和市にある叔父叔母の家には行くのだ。叔父叔母にというよりは、その息子であるいとこに会いに。駅は中央林間。東急田園都市線の終点だ。北千住よりずっと遠い。

それを言うと、泉は言った。

「行くのはせいぜい三ヵ月に一度だよ」

「その電車代は出すんだろ?」

「もちろん、出すよ。だって、修くんに会いたいもん」

それがそのいとこだ。修太。泉より三歳下。

「かわいいんだよ、修くんは」

「かわいいって。もう大学生なんだろ?」

「大学生でもかわいいんだよ、いとこは」

「いとこの家に行くならカレシの家にも行こうぜ」

「歌男はカレシだからウチに来られるじゃん。来られるんだからいいじゃん。わたしもそれで充分。修くんをウチに来させるわけにはいかないの。ワンルームのわたしのとこに泊めたら、さすがに叔父さんも叔母さんも心配するでしょ。もちろん、泊めたところで安～いドラマみたいなおかしなことにはならないけど。わたしはともかく、修くんはそんな子じゃないから」

「わたしはともかくって。泉はそうなる可能性があるのかよ」

「ないよ」

「いとこよりはカレシ優先だろ」

「いとこはいとこでカレシはカレシ。まったくの別もの。どっちが上もない」

そんなこんなで、おれらにはちょっとした遠距離恋愛感もあった。毎週のように会えるのに遠距離恋愛もないが、もどかしい距離は確かにあった。たぶん、心の狭いおれが一方的に感じてただけだが。

で、あるとき。おれはよくないことを言ってしまった。これは本当に後悔してる。今でもたまに思いだし、いやな気分になる。

「バイトなんだから、ちょっとは社員に合わせてくれよ」

おれは泉にそう言ってしまったのだ。北千住に移ってからはもうかなり増えてたケンカの流れで。

泉は真正面からおれの顔を見て言った。

「どういうこと?」

「いや、だから」とやや怯《ひる》みつつ、おれはこう返した。「例えばバイト先をもうちょっと東京寄りにするとか、そういうことを考えてくれてもいいだろ」

「バイトだから簡単にやめられる。やめさせたいってこと？」

「そうは言ってないよ」

「言ってるのと同じだよね。わたしたちはそもそもあの店で会ってんの。もう忘れちゃった？バイトだからあんな店やめちゃえばいい。そう思ってる？」

「だからそうは」

「言ってるよね」

そして決定的なケンカが起きた。入社一年めの夏の初め。七月ごろのことだ。

その日、おれは泉の部屋にいた。いつものように、前夜泊まったのだ。

まず、午前中に軽めのケンカをした。内容は取るに足らないことだ。おれが泉に気づかれないようエアコンの設定温度を下げたこと。

それでもう帰ろうかと思ったが、ケンカしたまま一週間を過ごすのもいやだったので、とりあえず仲直りをするべく、おれは午後も居残った。

結局はそれが逆効果になった。とりあえず仲直り。そんな気持ちで仲直りなどできるはずがないのだ。

機嫌が悪いときの泉は手ごわい。スズメバチばりに手ごわい。

おれと泉は何となくテレビを見てた。見たくもない再放送のドラマか何かだ。互いにムスッとしてたが、言い争ったりはしてなかった。カレシとカノジョが二人でドラマを見る。一応、二人で同じことをしてるのだから、まだどうにかなる。おれはそう思ってた。

ならなかった。

コトンと音がした。部屋のドアポストに何かが入れられた音だ。何か来たぞ、と言おうと思ったが、うっとうしいかとも思い、黙ってた。

しばらくしてから、泉がそれを取りに立った。そして玄関のほうで言った。

「何これ」

さすがにそこではおれも言った。

「どうした?」

「全然ちがう郵便が入ってんの。わたし宛じゃないし、メゾンしおさい宛でもない。どういうこと? 何なの?」

最後の二つ、どういうこと? 何なの? はケンカの流れで自分が言われたような気がした。実際、泉はおれにも言ってたと思う。

「話になんないよ。郵便配達、これで仕事をしたつもり? これでお客さんからお金もらうつもり?」

そこで泉はどうしたか。スズメバチのように、いきなりひと刺しした。郵便局に電話をかけたのだ。この辺りの配達を担当してるというみつば郵便局に。そして電話に出た相手に結構な剣幕で事情を伝えた。どうしていいかわからないから取りに来てください。あなたでもいいから来てください。出かけたいから早めにしてください。

さすがにもう帰るべきかと思ったが、おれは帰らなかった。これが仲直りのチャンスになるかも、とも思ったのだ。ことはメゾンしおさいのこの部屋から外へと広がった。外部からの風が入る。そうなることで、おれらがともに相手以外のものに目を向けられる。気持ちを切り換えられる。

郵便屋さんが来たのは二時間後。その二時間で、泉のイライラは募ってた。メイクしなくていいのか？　とおれが言ったら、何で苦情言う相手のためにメイクすんのよ、と返してきた。

ウィンウォーン、とインタホンのチャイムが鳴った。受話器での応対はせず、泉はいきなり玄関のドアを開けた。

「こんにちは。郵便配達の者です」という男の声が聞こえてきた。

かぶせるように泉は言った。

「ちょっと遅くないですか？」といきなりかました。「電話したの、一時間以上前ですよ」

「申し訳ないです。そのときはまだ配達で外に出てたものですから」

「電話を受けた人に、あなたでもいいからって言ったんですけど」

「あぁ。すいません。えーと、今日の配達を担当したのはぼくなので、やはり本人が伺うべきかと」

うまいな、と思った。やわらかな対応だ。口調も言葉もやわらかい。電話を受ける人は電話を受ける人。配達する人は配達する人。電話を受けた人が電話の前から離れて郵便物を取りに行けるわけがないのだ。でもそうは言わない。苦情を言う相手にそんな説明をしても意味がない。

「何でもいいから、ちょっと入ってください」と泉が言った。

「あ、いえ、でも」

「玄関まで。ここじゃみっともないから」

「あぁ。はい」

泉がなかに戻り、郵便屋さんが玄関の三和土《たたき》に入って、ドアが静かに閉まった。閉めたのは郵便屋さんだ。

もちろん、郵便屋さんにはおれの姿が見えてた。ワンルームだから隠れようがないのだ。

「失礼します」

郵便屋さんのその声はおれにも向けられたものであるように聞こえたので、返事はしないまでも、会釈は返した。どうも、みたいな感じで。おれはたまたま居合わせただけ。この件に関わってはいませんから。というその気持ちが伝わればいい、と思った。

で、会釈をした際にチラッと顔を見た郵便屋さん。一瞬、春行かと思った。テレビのバラエティ番組なんかによく出てる人気タレントの春行だ。

その春行似の郵便屋さんが言った。

「よそのアパートのかたのものをこちらにお入れしてしまったとか。申し訳ありません。これからは気をつけます」

泉は怒りにまかせてこう返した。

「ほんと、気をつけてくださいよ。苦情の電話をかけるんだって、タダじゃないんだから」

「そうですね。おっしゃるとおりです」

泉のいやな部分が出たな、と思った。思ったことを素直に言ってしまうのが泉。それは長所であり、短所でもある。うまくいってるときはプラスになるが、うまくいってないときはマイナスになる。

髪をいじりながら泉が言った。

「もう、あきれて笑っちゃいましたよ。隣の部屋のをウチに入れちゃうとかいうならわかりますけど、ちがうアパートのですもん。ちゃんと見てんの？　って感じですよ」

「すいません」

「はい、これ」と言って、泉がその郵便物を郵便屋さんに渡した。

Ａ４ぐらいの大きさの封筒だ。これが例えば小さな封筒なら、誤配と気づかずに開封してしまうこともあるかもしれない。おれならありそうだ。いちいち、よし、自分宛だな、と確認したりはしないから。でもその大きさならさすがに気づく。

「持って帰ってくださいよ。もう二度とまちがえないでください」と泉がダメ押しした。

のだが。

郵便屋さんは言った。

「あの」

「はい？」

「これ、郵便物ではない、ですね」

「は？」

「よその会社さんのメール便ですよ」

「え？」という泉の声に不安が滲んだ。

「このラベルを見ていただくとわかります」

「あぁ。そうなんだ」

「はい」

間を置いて、泉は言った。

「じゃあ、どうすればいいの？」

「こちらでは、何とも」

まあ、そうだろう。郵便屋さんがどうしろとも言えない。

でも泉は思いきった。そこで予想外なことを言いだした。

「持ってってくださいよ」

「いえ、それは」

「だって郵便屋さんならこの住所とかわかるでしょ？　そこに配達してください。わたしじゃわかんないから」

「申し訳ないですが、それはちょっと」

「何でよ」

「これはよそさまのお荷物ですので、ぼくはお預かりできないんですよ」

「わかるんだから、持ってってくれればいいじゃない」

「もし何かあったときに責任は負えませんので」

「何があんのよ。ただ配達するだけでしょ。そこんちの人だって、誰が配達したかなんてわかんないよ」

「ですが、だからいいということでもありませんし」

あぁ。ダメだよ、泉。そう思った。おれへの怒りをこの人にぶつけるのはダメだよ。それはなしだよ。

「じゃあ、どうしたらいいのよ」

「この会社さんの番号に電話していただくのがよろしいかと」

「また電話するわけ？　さっきも無駄に電話かけてんのに」

「ええ。でもそれはしていただいたほうが」

「じゃあ、電話貸すから、郵便屋さん、してよ。わたし、もういやだもん」

って、マジか、泉。いくら何でも無理があるだろ。

当然、郵便屋さんも言った。

「いえ、それもちょっと。当事者ではないですから」

「もう！　何で融通がきかないのよ。持ってってくれればすむことでしょ？　これをまたまちがえて配達したりしないでしょ？　わたし、まちがえてウチに入ってた上の部屋の郵便物を、わざわざ入れに行ってあげたこともあるんだからね。二回も三回もあるんだからね」

「それは、すいませんでした。ありがとうございます。感謝します」

「だから持ってってよ。それでおあいこでしょ！」

というそこがもう限界だった。誰の？　おれの。

「もうやめろよ！」とおれは言った。「お前、何なんだよ！」

言ったあとに、あせった。郵便屋さんに対して言ったように聞こえてしまったか？　と思ったのだ。だから急いでこう続けた。

「いい加減にしろよ。郵便屋さんに謝れよ。悪いのは泉だろ」

泉は言い返してきた。

「何でわたしが悪いのよ。まちがえられたのはわたしじゃない」

「だとしても、文句を言う相手がちがうんだよ。郵便屋さんは何も関係ない。ただ因縁をふっかけられただけだろ。泉以上の被害者だよ。それにお前、わざわざ上の部屋に郵便を入れに行ったってその話も、どうせうそなんだろ？　バレねえと思って、とっさにつくっただけなんだろ？　さっきまでそんなこと言ってなかったじゃねえか。最低だよ、お前」

もう引っこみはつかない。おれは立ち上がり、泉とその後ろの郵便屋さんを真正面に見て言った。

「考えりゃあ、わかんだろ。何も関係ない郵便屋さんがそれ持ってったら、泥棒と同じだぞ。持ってけるわけねえだろ。泉さぁ、マジでそういうことわかんねえの？　郵便屋さんだって、金もらってやってんだよ。仕事でやってんだよ。その郵便屋さんに、お前、無駄足を踏ませてんだぞ。そのうえ、泥棒しろっつってんだぞ」

「あ、いえ」と郵便屋さんが言った。「そこまでは、おっしゃってないかと」

その言葉で我に返り、何とも言えない気分になった。郵便屋さんに泉とのケンカを止められた感じだ。

ただ、おれもいきなり止めることはできない。言ってしまった。

「電話代がどうとかしょうもねえこと言ってっけど、郵便屋さんだって、ガソリン代つかってここまで来てんだよ。何でそういうこと考えられねえんだよ。何でこういうときに謝れねえんだよ。マジで不思議だよ。なあ、何でだよ。おれ、泉のそういうとこ、すげえいやだよ。何でも、わたしわたしわたしわたし。自分自分自分自分。お前がいなくたって、地球はまわんだよ。何なら、いないほうがよっぽどスムーズにまわんだよ。ほんと、もう勘弁してくれよ」

泉は何も言い返さなかった。むくれ顔で髪をいじりながら、トイレのドアを見てた。もう何も言わないと決めたみたいに。

郵便屋さんが言った。

「あの、ではこれで失礼します。もし郵便物の誤配があったら、そのときは遠慮なくおっしゃってください」

「すいませんでした」と言ったのはおれだ。「何か、おかしなもん見せちゃって」

「いえ」

郵便屋さんは、手にした封筒を左の靴箱の上に置き、一礼して出ていった。泉に渡そうと持ってきたのであろう粗品のタオルは手にしたまま。

静かにドアが閉まったあとも、おれと泉はしばらくその場に立ち尽くしてた。

何か言わなきゃと思い、おれはこんなことを言った。

「お前、どうせそれ捨てちゃう気だろ」

泉はやはり何も言わなかった。

空気がひんやりした。メゾンしおさい一〇三号室の空気がそこまで冷えたのは初めてだ。エアコンの設定温度を下げる必要はもうなかった。

「帰るよ」とおれは言った。

それからすぐに泉とは別れた。こんなふうになったのだから、そうするしかなかった。

別れるよな？　とその日の夜に電話でおれが言ったら、もう別れてるよ、と泉は言った。

アパート、北千住にしといてよかった。そう思った。蜜葉に近いとこにしてたら、無駄に通勤が大変になるとこだった。

後悔は、した。ムチャクチャした。バイトなんだから、ちょっとは社員に合わせてくれよ。そう言ってしまったことですでに後悔はしてたわけだが。それを遥かに超えて、した。

お前がいなくたって、地球はまわんだよ。何なら、いないほうがよっぽどスムーズにまわんだよ。

それはない。ひど過ぎる。カレシがカノジョに言うことではない、どころじゃない。人が人に言うことではない。

思ったことを素直に言ってしまうのが泉。おれは、思ってもないことを言ってしまった。本当にそうなのだ。あんなこと、本気で思ってたわけじゃない。

泉に限らない。誰がいなくたって、地球はまわるのだ。いないほうがスムーズにまわる、なんてことは絶対にない。むしろ、おれがそんなことを言って、スムーズにまわってた地球を止めてしまった感じだ。まちがいない。おれがいないほうが、地球はよっぽどスムーズにまわる。

別れてから、自問自答した。

泉が北千住に来ないから何なんだよ。おれが蜜葉に行くばかりだからって、それが何なんだよ。北千住から蜜葉。どこが遠距離だよ。好きだから会いに行ってたんだろ。会えてたんだからいいだろ。あの店で泉にやられたんだろ。あの店で泉は働きたいんだろ。ならそれでいいだろ。

泉のことを引きずりに引きずって一年弱が過ぎ、おれは異動になった。まさかの神戸本社だ。でもいい機会だと思った。もうふっきろう。これは環境を変えよとの啓示なのだ。ならばしたがおう。環境を変えよう。神戸牛を食っちゃおう。兵庫つながりで明石焼きも食っちゃおう。

で、まあ、明石焼きは何度か食ったが、値が張る神戸牛のステーキは一度も食えないままわずか一年九ヵ月で東京支社への復帰が決まった。啓示、中途半端じゃね？　と思った。

また北千住に住むことも考えた。町自体は好きだったからだ。でもそうすると泉を思いだしてしまいそうな気がした。泉自身は二度しか北千住に来てないのに。泉との別れの印象が、どうしても残ってしまってるのだ。

だからがんばって人形町にした。そこでも環境を変えようと思った。人形町は人形町で、いい町だ。いろいろと便利で、下町感もある。ただ、結局、泉のことは思いだした。それはどこに住んでも同じなのだ。神戸にいたときだって、忘れはしなかったのだし。

これは不思議だが。泉とよりを戻したいとか、そういうことでもなかった。いや、泉がそれを望むならすぐにでもそうするはずだ。が、やはりおれ自身が積極的にそれを望んでるわけでもない。よりを戻したところでまた終わりは来てしまう。それが何となくわかってるのだ。なのに忘れないのだから不思議。

結局、おれは何がしたいのか。

東京に戻って四ヵ月が過ぎたころ。おれはその答を見つけた。営業で外をまわってるときに唐突に気づいた。草地さんがいるハートマート両国店に歩いて向かってるときだ。

で、その日も打ち合わせ後に草地さんと両国で飲んだ。もうさすがにつぶれはしなかった。飲みすぎもしなかった。おれも成長してるのだ。

とはいえ、元カノに電話をかける気になる程度には酔ってた。見ようによっては、かなり酔ってたとも言える。

両国から人形町は近い。何なら歩いても行ける。二十分強。実際に、歩いた。そして、隅田川にかかる両国橋を渡ってるときに、泉の名を携帯電話の画面に表示させ、発信ボタンを押した。

泉が出てくれない可能性もあった。おれからの電話だから出ない可能性。おれのを消去したために知らない番号からかかってきたから出ない可能性。どちらもあった。

泉は出てくれた。案外すんなり。三度のコールでだ。

「もしもし」

「もしもし。あ、泉？　おれ。井田。歌男」

「うん」

「わかる？」

「わかるよ」

「というか、わかった？」

「ん？」

「おれからかかってきたことが。番号、残してた？」

「残してた。別に消したりしないよ。女子じゃあるまいし」

「いや、女子だろ」

「女子だけど」

女子女子した女子ではない、ということだ。

「何？」

「あ、いや、何ってこともないんだけど」

「何ってこともないことないでしょ。電話かけてきてんだから」

「そうだな。あのさ」

「うん」

「おれ、泉のとこに、ウォレットチェーンを置いてってないかな」

「ウォレットチェーン？」

「そう。財布に付けとくやつ。ジャラジャラする鎖みたいなの」

「あぁ。そういえば付けてたね。それが、ないの？」

「うん。たぶん、泉の部屋に忘れてった。まちがいないと思う」

まちがいない。泉が郵便屋さんを呼んだあの日、部屋に忘れていったのだ。で、そのまま別れてしまった。かなり気に入ってたので、あとあと取りに行こうかと思った。送ってくれとメールしようかとも思った。どちらもしなかった。未練がましいようでいやだったのだ。当時は。

「なかった？」とおれが尋ね、

「あった」と泉が答える。

「お、マジで？」

「でも捨てた」

「え、マジで？」

「うん。別れたあとに。電話番号は残したけど、それは残しても邪魔になるだけだから」

捨てたとはっきり言うのが泉らしい。もう三年も前のことだから、なかったと思うけど、みたいなことを言えばそれですむのに。

「あれ、実は結構いいやつで、高かったんだよ」

「そうなんだ。ごめん」と泉はすんなり謝る。

そこは何だか泉っぽくない。今さら言われても知らないよ。そう言うのが、おれの知ってる泉だ。

「いや、それはいいんだけど」と何故かあわてて話を変える。「おれさ、神戸に行ってたんだよ」

「神戸？」

「うん」

「旅行？」

「じゃなくて。ほら、会社、本社がそっちだから」

「あぁ。そうだったね」

「でも結局二年もいなくて、こっちに戻ったんだけど」

「そうなんだ」

訊かれてもいないのに言ってしまう。

「本社に呼んでみたけどつかえなかったってことなのかな」

そんなことないでしょ、なんてことは言わない。そこは泉。ただ笑うだけだろう。

と思ったら。言う。

「ダメじゃん」

「いや、そんなことないでしょとか言ってくれよ」と自分で言ってしまう。

「は？　何、甘えてんのよ。カノジョじゃないっつうの」

その言葉に笑う。元カノの言葉らしくない。そしてそれは、泉らしい。

「で、東京に戻ってきたからさ、ウォレットチェーン、あれば取りに行けるかと思って」

「あぁ、そういうこと。ごめん。ないわ」

「まあ、そうだよな。とっとかないよな」

「そういえば、あれ、どうやって捨てたのかな。金属だから、可燃ごみじゃないし。といって、わざわざ不燃ごみに出した記憶もないし。可燃ごみに交ぜて出しちゃったのかな」

「捨て方まではいいよ」

「わたしが気になんのよ。最近はちゃんと分けて出してるから」

「最近かよ」

「大人になってんの。わたしも」

「まだあそこにいるんだよな？　メゾンしおさい」

「いるよ。みつばは便利だから」

「おれは人形町にいるよ」

「人形町？」

「そう。中央区。日本橋の近く。正確には、日本橋人形町」

「すごいじゃん。出世したね」

「してないよ。がんばっただけ。無謀、に近いがんばりだな。ちなみにさ、今はバスタブもあるよ」

「へぇ」とあっさりいなされる。

「毎月、家賃の支払いはムチャクチャきついけど」

「家賃、今はみつばも高くなってるらしいよ」

「そうなんだ」

「こないだたまたまチラシを見たときは高かった。新築だからかな」

「結構長いよな。メゾンしおさい」

「長いね。こないだ、ここに住んで初めて選挙に行ったよ。ここに住んで初めてというか、生まれて初めてか」

「大人になったわけだ」

「そう」

「遅いけどな。二十六で初選挙は」

「六年間修行をしてたのよ。投票できる立派な大人になれるよう」

「なれた？」

「なれてない。でもとりあえず投票に行くのが先ってことで、行ってきた。案外簡単でびっくりしたよ。何分もかかるのかと思ってた」

「もしそうならみんな行かないよ。投票率はさらに下がる」

「そうなんだね。でも、思ったよ。わたしが一票入れちゃったけどだいじょうぶ？　その一票で世の中がおかしなことになっちゃわない？　って」

「なっちゃわないよ。たぶん」

「でも、ほら、一票の格差とか、よく言うじゃない」

「そこまでの格差はないからだいじょうぶ。あったらヤバいよ」

「じゃあ、いいか」

「と言うのも変だけどな。投票は、一応、世の中を動かすためにするんだから」

「何、歌男、政治家みたい。いずれ選挙に出ようとか思ってる？」

「まさか。出るわけない。おれはこの先もずっと日本酒を売るよ」

「わたしもそう。この先も服を売る。ずっとかどうかはわかんないけど」

「わかんないの？」

「未来のことはわかんないでしょ」

「まあね」そしておれは言う。「泉。ごめん」

「は？　何？　いきなり」

おれは何がしたいのか。見つけた答がこれ。おれは泉に謝りたかったのだ。

「別れたことを謝ったりしなくていいよ。カレシカノジョは別れるもんなんだから」

「そういうことじゃなくて」

「ん？」

「いやなこと言って、ごめん」

「いやなこと?」

「うん。ほら、別れる前、泉の部屋で」

「郵便屋さんが来たとき?」

「そう」

自分では言いたくないな、と思ってたら、泉が言う。

「今、地球はスムーズにまわってるからだいじょうぶ。わたしがいてもスムーズにまわってくれてるから」

「マジでごめん」

「嫌味で言ってるんじゃないよ。事実を言ってるだけ。あのときのわたしはひどかった。あのままいってたら、ほんとに地球を止めてたかも。あのあとね、郵便屋さんに謝ったよ」

「え?」

「何日かあと、配達に来たときにアイスあげた。で、謝った」

「ほんとに?」

「うん。それからは、何か、あげ癖がついちゃって。コーラとかお茶とかもあげるようになった。次こそ正しい苦情を言おうと思って待ってんのに、郵便屋さんは一度も誤配してくんない。だから、ただ配達に来ただけなのにお茶あげてんの。ウチに配達はないのに」

「ないのに?」

「うん。暑い日とか、わざわざ部屋から出ていって、あげる」

「すごいな」

「あの郵便屋さん、今やわたしのダーリンだよ」

「ダーリンて。そうなの？　付き合ってんの？」

「そういうんじゃない。すごくいい人だからわたしが勝手にそう呼んでるだけ。好きは好きだけどね。でもカレシは別にいる」

「え？　いんの？」

「いるよ」

「誰？」

「誰って。言っても知らないでしょ」

「知らないけど。いるのか」

「ほんとにいるよ」

「いや、うそだとは思わないけど」

「歌男は、カノジョは？」

「いないよ」

「あ、そうなの」

「うん。ほんとにいない」

「いや、うそだとは思わないけど」

そう言って、電話の向こうで泉が笑う。

つられるように、おれも笑う。

電話してよかったな、と思う。

やっぱ泉はよかったな、とも。

真夏。外まわりをして、会社に戻る。

午後六時だが、まだ空は明るい。でも一時期よりは確実に日が短くなってる。六時半すぎには暗くなる。

ただ、さすがに暑さは厳しい。営業とはいえ炎天下三十分歩いたりはしないが、十分でもう汗だくにはなる。汗をかいては冷房で乾かされ、またかいては乾かされ、をくり返す。そのうちシャツやパンツが塩で白くなるかもしれない。

地下鉄の出入口から出て、会社に向かう。

後ろから声をかけられる。

「井田さん」

振り向くと、浦川しほりがそこにいる。

「あぁ。おつかれ」

「おつかれさまです」

「日比谷線?」

「はい」

「じゃあ、同じ電車だったのかな」

「たぶん」

「暑いね」

「暑いですね」

「ここまで暑いとさすがに気が滅入るよ」

「井田さんでも？」

「うん。って、何、滅入らないように見える？」

「そんなには滅入らないように見えます」

「そう見えてんのか」

「でも」と言って、しほりは横に並び、おれの顔をまじまじと見る。「確かに」

「何？」

「元気がない、ですか？」

「え？」

「言われてみれば。そこはかとなく落ちこんでる感が」

「ある？」

「はい」

「おれ、そこはかとない？」

「はい」

ついぽろっと言ってしまう。

「恋してもいないのに失恋しちゃってさ。ここ何日か、その幻の失恋を引きずってた」

「何ですか、それ」

「自分でも何だかよくわかんないんだけど」

「じゃあ、久しぶりにまたナンでも行きますか？　わたしでよかったら付き合いますよ」

「ナンて、あのナン？」

「はい。インド料理」

「マジで言ってる？」

「はい。恋バナでも何でも聞きますよ。というか、ちょっと聞きたかったりして」としほりは笑う。

「おれはいいけど。浦川さん、いいの？」

「もちろんです。あ、でもやっぱり」

「ん？」

「今回は、ウチのお酒が飲めるお店にしましょうか」

二〇一六年　片岡泉　三十歳

結婚は大変だ。

二人だけのことじゃない。お互いの家のことなんかもあるから、ササッとすませるわけにはいかない。

プロポーズされたり、受け入れたり。相手を自分の実家に呼んだり、相手の実家にあいさつに行ったり。届を役所に出したり、新居を決めたり。引っ越したり、それまでとはちがう生活が始まったり。

多くのことを限られた時間でしなきゃいけない。これだけいろいろしたんだから簡単には別れられないぞ、と自覚させられるためにこれだけいろいろさせられるのかもしれない。まあ、させられなくても別れる気はないし、いずれ別れるかもしれない、なんて思いながら結婚する人もいないだろうけど。

いや、それはいるか。むしろ普通か。誰だって、百パー別れない、とは言えないだろう。世にある百パーは、人は誰でも死ぬ、くらいなんだし。

って、何も、披露宴の最中に死ぬとか言わなくていい。今はただただ幸せを満喫してればいいのだ。極端なことを言えば、一生で唯一そうすることを許された時間なんだから。楽しめ。泉。本当なら、わたしはもうとっくに結婚してるはずだった。プロポーズされたり受け入れたりは、だいぶ前にしてた。相手を自分の実家に呼んだり相手の実家にあいさつに行ったりも、だいぶ前にしてた。すでに結婚する気にはなってた。

が。大好きな富おばあちゃんが亡くなったから、一年待ったのだ。

祖父母が亡くなった場合、喪に服すのは一般的に三ヵ月から半年ぐらいらしいけど、わたしはもっと服したかった。おばあちゃんはわたしにとって親と言ってもいい存在だから。

親以上、とはさすがに言わない。亡くなった人を変に美化するようなことはしたくない。だから。親と言ってもいい存在。以上ではないが、同等。

で、三ヵ月から半年ぐらい、が結局は一年になった。

長いだろうと思ってたがそうでもなかったその一年が過ぎての今日。わたしはこうして新郎新婦席に座ってる。新婦として白のウェディングドレスを着ちゃってる。

ヒダヒダがあんまり多くないシンプルなデザインのそれだ。こっちにしてよかった。派手派手にし過ぎて、羽を閉じたクジャクみたいになるのはいやだったのだ。テルちんは、ぼくはクジャクでもよかったよ、なんて言うけど。

ついに結婚、ついに新婦。感慨はある。あるにはあるが、予想したほどでもない。予想は、すでにし尽くしたのだ。遠足は前日までが楽しい。それと同じ。

と、そうは言いながらも。今日を迎えられてよかった。隣に新郎テルちんが座ってるのはうれしい。ライトグレーのタキシードが思いのほか似合わなくて若手演歌歌手みたいになってるけど、うれしい。若手演歌歌手とクジャク姉さん、にならなくてよかった。

二人で選んだ、というかテルちんがほぼわたし一人に選ばせてくれた会場は、銀座のホテル。もとは津田沼で服を売ってたわたしが銀座のホテルで披露宴。すごい。うそみたいだ。いや、まだわからない。長～い夢を見てるだけかもしれない。

テルちんの会社は丸の内にある。そこに勤める人たちも来やすいようにということで、すんなりここに決まった。わたしがおそるおそる、銀座は？　と言ったら、あ、銀座はいいね、とテルちんが言った。丸の内でもいいよ、とわたしは言ったのだが、会社感が強いのも何だから銀座にしよう、とテルちんは言ったのだ。

結局、わたしが望むようにしてくれたのだと思う。いいやつなのだ、テルちんは。だからこうして結婚する。させてもらう。

わたしは片岡泉。小学生のころは柴原泉になりそうなこともあったけど、どうにか片岡泉で来た。で、木村《きむら》泉になる。

というか、厳密にはもうなってる。婚姻届は出したから。

結婚式と披露宴を終えてから出す人たちもいるようだが、わたしは先に出したかった。木村泉になってからそれらをしたかった。木村泉になったことを、披露したかったのだ。そうしたいと言ったら、じゃあ、そうしよう、とテルちんも言ってくれた。今日の結婚式と披露宴は、結婚の仕上げの作業、という気がしてる。

結婚式自体は簡単に終わった。約三十分。そうだと聞いてはいたが、いざ始まってみると本当にあっという間だった。

テルちんが入場して。わたしとお父さんが入場して。誓いの言葉があって。指輪を交換して。わたしとテルちんがチュウして。結婚証明書にサインして。気がついたらもうおしまい。まあ、それはそうだ。三十分なんて、仕事のランチ休憩より短いわけだから。逆に、短くなかったら参加する人たちがしんどい。

新郎木村輝伸《てるのぶ》二十八歳、新婦片岡泉三十歳。わたしたちは、テルちん二十一歳、わたし二十三歳のときに付き合いだした。わたしが前のカレシ井田歌男と別れてからだ。

変な流れでの始まりだった。まあ、知り合い方自体は変でもない。むしろ普通。わたしがバイトをしてた津田沼の店にテルちんが服を買いに来たのだ。まだ大学三年生の若きテルちんが。

ウチはカジュアル系。普段着の店。メンズもレディースも扱ってる。お客さんにはちゃんと声をかけるよう、でもかけ過ぎないよう、店長の杉野大成さんには言われてた。わたし自身もそうするべきだと思ってたので、そこは気をつけてた。いらっしゃいませ、ごゆっくりご覧くださいい、と言う程度にとどめてた。

テルちんは、自ら寄ってきて、言ったのだ。

「あの、すいません」

「はい」

「ぼく、何を着ても似合わないんですよ。だから、何か見繕ってもらってもいいですか？」

そのときのテルちんは、自称百七十センチの百六十九センチ、自称五十九キロの六十二キロ。今よりは少しぽっちゃりしてた。

イケメンではない。が、ではない、というだけ。ちょっと柴犬っぽい顔で、わたしは好きだ。

初めて見たときは、いとこの修くんが飼ってた柴犬の和を思いだした。

こういう人はたまにいる。柴犬に似た顔の人、ではない。自分は何を着ても似合わないと思ってしまう人、だ。謙遜してるのではない。自信がないから、どうしてもそう思ってしまうのだ。謙遜で言ってるだけの人はすぐわかる。そんな人は服を自分で買うから。店員に選ばせるとしても、最終的には自分で決めるから。

テルちんみたいな人に対して服屋の店員がやるのは、そんな人はいないと教えることだけ。実際、何を着ても似合わない人なんていないのだ。その人に似合わない服、はあるかもしれない。でも、似合わない服しかない、なんてことは絶対にない。

自分は何を着ても似合わないと思ってる人は、要するに、自分はカッコよくないから何を着ても同じ、と思いこんでるだけなのだ。なのに派手な服を着たりして人に笑われるのをこわがってしまう。だから無難なほう、地味なほうへと流れてしまう。

カッコよくないから派手な服が似合わない、なんてことはね、まったくないんですよ。服は、人に与える印象どころか着る人自身の気持ちまで上げてくれる、とても便利な道具ですよ。これは本当にほんとですよ。

よく服屋の店員が口にするこれ。あ、お似合いですね。

言われたほうはうそ臭く感じるかもしれないが、別にうそではないのだ。似合いませんね、とは言えないからそう言ってしまうことも確かにある。でもそれはまさにその服が似合わないだけ。店員として自分が選び、自信を持って薦めた服は、ちゃんと似合うと思ってる。少なくとも、予算なんかの条件を聞いたうえでベストと思えるものをちゃんと薦めてる。お客さんには、というか人には、似合う服を着てほしいのだ。

テルちんは、わたしが薦めたものを丸ごと買ってくれた。長袖のシャツと半袖のTシャツとジョガーパンツとスリッポン。

「いいんですか？」とわたしが訊いてしまった。

「だって、いいんですよね？」

「いいと思います。すごく似合ってます。ほんとです」

それを聞いて、テルちんは笑った。

「ほんとですって言うと、何か、ほんとっぽいですね」

「うそっぽい、じゃなくてですか？」とそこも訊いてしまった。

「はい。うそっぽく聞こえるような気がしちゃうから、ほんとですって言いたくなるんですよね。だったら、ほんとですよ」

テルちんは、一週間後にまた店にやってきて、わたしに言った。

「こないだの服、大学のゼミの女子に初めてほめられました。自分でも、着ててすごく気分がよかったです」

そしてまたわたしが薦めたものを丸ごと買ってくれた。

で、やはり一週間後に来て、言った。

「こないだのもほめられました。服って、結構見られてるもんなんですね」

このときもテルちんは丸ごと買い、こう言った。

「これで三セットそろいました。何か、やっと落ちつきました」

このあたりは、わたしが前のカレシの歌男と知り合った状況と少し似てる。歌男もこの店のお客さんだったのだ。

初めて来て靴下とシャツを買ってくれたその一週間後にまた来てパンツを買ってくれた。そこまではほぼ同じ。

ただ、その二度めでもう歌男はわたしに言った。好きになっちゃいました、と。で、ご飯に誘ってきた。行くことにした。いやな感じは少しもなかったから。

テルちんとの出会いを振り返るとき、わたしはいつもこうして歌男までさかのぼる。出会い方が似てたからということもあるが、それだけではない。歌男との別れ方も関係してくるのだ。テルちんとの始まりはそこという気が、どうしてもしてしまう。

そのころ、わたしは蜜葉市みつばにあるメゾンしおさいというアパートに住んでた。で、まだ歌男と付き合ってた。

歌男は社会人一年め。日本酒をつくる会社で働くようになってた。就職を機に、板橋区の志村坂上から足立区の北千住に移ってもいた。で　わたしのアパートによく来てた。

わたしが北千住に行くことはほとんどなかった。遠いから面倒だったのだ。おフロがシャワールームでバスタブがないのもマイナスだった。

その日も歌男がアパートに来てた。前夜泊まったのだ。

とはいえ、もうカレシカノジョとしては末期。午前中からケンカをしてた。歌男が会社員になってからは関係が急速に悪化してたのだ。

午後。わたしの部屋に郵便物が誤配された。先に言ってしまうと、それはわたしの勘ちがいだったのだが。

当時、わたしは若かった。何せ、二十代前半。まだ肌も心もピチピチしてた。肌はともかく、心はピチピチし過ぎてた。気持ちに波があったというか、はね過ぎてた。

歌男とのケンカが行き詰まってたとこへの誤配。面倒に面倒が重なった。ピチピチしつつクサクサしたわたしは、勢いでみつば郵便局に苦情の電話をかけ、郵便物が誤配されたから取りに来てくれと言った。

二時間ほどして、郵便屋さんが取りに来た。それが誰あろう、平本秋宏《ひらもとあきひろ》さん。人気タレント春行の弟だ。そう。今は同じく人気タレントの百波《もなみ》と結婚した春行。その弟。後にわたしがダーリンと呼ぶほど親しくなる人。ただ、このときは、何だか春行に似てるな、と思った程度。

わたしはちゃんと苦情を言った。ちゃんと。つまり、強く。

でもそこで立場を一気に逆転された。それは郵便物じゃなかったのだ。よその会社のメール便。わたしが郵便物と勘ちがいしただけ。

郵便屋さんは怒ったりせず、むしろ安堵した顔で、あくまでも穏やかにその事実を告げた。引っこみがつかなかったわたしは、それでも引きとってほしいと言った。郵便屋さんなのだからその辺りの住所はわかるはず。だから正しい宛先に届けてほしいと。

キレられた。郵便屋さんにではなく、それまで黙って話を聞いてた歌男に。

歌男はわたしと同い歳。やはりピチピチクサクサしてたのだと思う。

正直、わたしの一連の行動は、歌男に対する当てつけでもあった。歌男も、たぶん、それを感じとってた。だからこそキレたのだ。もうやめろよ！　と。いい加減にしろよ。郵便屋さんに謝れよ。悪いのは泉だろ。

このときの歌男のキレっぷりは過去イチだった。それまでわたしのわがままに耐えてきたうっぷんを一気に晴らしたようでもあった。

歌男は言った。

「おれ、泉のそういうとこ、すげえいやだよ。何でも、わたしわたしわたしわたし。自分自分自分自分。お前がいなくたって、地球はまわんだよ。何なら、いないほうがよっぽどスムーズにまわんだよ。ほんと、もう勘弁してくれよ」

結構こたえた。ただ、そんなわたしよりも遥かに気の毒だったのが郵便屋さんだ。わたしと歌男のケンカに巻きこまれてしまった。何の関係もなかったのに。誤配ではなかったから、過失すらなかったのに。

その日のわたしは、郵便屋さんに謝れなかった。メール便を押しつけはしなかったが、お詫びはせず、そのまま帰してしまった。それでも郵便屋さんは帰り際、もし郵便物の誤配があったら、そのときは遠慮なくおっしゃってください、と言ってくれた。

もちろん、嫌味ではない。こんなことになっちゃったけどもしほんとに誤配があったら気にしなくていいから呼んでね、ということだ。

何この人、と思った。マジで言ってんの？　と。

郵便屋さんは、マジで言ってた。そういう人なのだ。

後日、郵便屋さんが配達に来たときに、わたしはアイスをあげて謝った。

アイスだから、郵便屋さんはその場で食べるしかない。実際、わたしたちはアパートの建物と駐車スペースのあいだにある段に並んで座り、その棒付きアイスを一緒に食べた。小学生のときに近所のお姉さんとそんなふうに外で一緒にアイスを食べたことを思いだした。そのときは棒付きでなく、雪見だいふくとピノだったが。

謝ったついでに、わたしは歌男と別れたことまで話した。すでに郵便屋さんを信用してたからだろう。言葉は素直に出た。

「歌男が言ったこと、当たってるよね。それは自分でもわかってんの。気が利かないんだよね、わたし。ものごとをあんまりよく考えないっていうか、考える前に動いちゃうっていうか」

郵便屋さんは言ってくれた。

「気が利かない人は、ぼくにアイスをくれないと思いますよ」

わたしはこうも言った。

「自分がいやな人間だってことはもうわかってんの。わかってんのにそのいやなとこを直せないんだからダメな人間だってこともわかってんの。でもさ、歌男のあれはないと思わない？　わたしがいないほうが地球はスムーズにまわるって」

それに対して、郵便屋さんは言った。

「自分がいないところで地球がまわってても意味はない。そう思ってれば、いいんじゃないですかね」

さらに、こう。

「もちろん、地球は自分のためにまわってるわけじゃないんですけど、それでも、まずは自分あっての地球ですから」

そのあと、わたしは、誤配されたメール便を自分でその宛先に届けたことも伝えた。お前、どうせそれ捨てちゃう気だろ、と歌男に言われたこと。確かに、そう言われるまでは捨てちゃう気でいたこと。も正直に話した。

で、言った。

「たぶん、何かの変えどきだったんだね」

わたし自身が変わるべきとこに来てた、というような意味だ。

郵便屋さんは言った。

「いいですね、何かの変えどきって言葉」

わたしは言った。

「自分あっての地球、には負けるよ」

このときのことは今でも覚えてる。この先も忘れないと思う。不思議だ。いつも配達してくれる郵便屋さんとただアイスを食べただけなのに。

それからも、郵便屋さんにはペットボトルのお茶なんかをあげるようになった。その際に一緒にお茶を飲んで少し話すのがわたしの楽しみにもなった。

雑談のなかで、郵便屋さんはいろいろといいことを言ってくれた。人間て、たぶん、優しくない相手に優しくはできないです。そうしなきゃいけないんでしょうけど、難しいですよ。とか。誰だって、知ってる人の幸せは願うんじゃないですかね。とか。

これは郵便絡みでも何でもないが。ウェディングドレスが似合わない女の人はいないです。と言ってくれたこともある。その言葉もずっと覚えてる。今日も鏡を見て、わたしも似合ってんのかな、と思った。郵便屋さんにも見てほしかったな、とも。

やがてわたしは郵便屋さんをダーリンと呼ぶようになった。わたしのダーリン。この町のダーリン。世界のダーリン。もちろん、ふざけてではある。そう呼んでることはテルちゃんも知ってる。テルちゃんも、メゾンしおさいに来たときに何度か郵便屋さんと会ったことがあるのだ。

今では、テルちゃん自身が郵便屋さんをダーリンと呼ぶようになってる。ダーリン元気に配達してるかなぁ、とか、ここの局に異動してきてくれないかなぁ、とか言ってる。

その郵便屋さんへの勘ちがい苦情をきっかけに、わたしは歌男と別れた。そしてテルちゃんと付き合った。

あそこで歌男と別れてなければ、そうはならなかった。テルちゃんとは知り合うだけ。付き合うことはなかった。

で、今。歌男はそこにいる。そう。新婦友人席に座ってる。呼んだのだ、披露宴に。

元カレを披露宴に呼ぶ。非常識なのはわかってる。元カレであることをテルちゃんに隠して呼んだのではない。ちゃんと説明して、呼びたいと言った。そこまでの流れも全部話した。

テルちゃんとこうなれたのは、結局、歌男とああなったから。歌男にきついことをガツンと言われ、そこで何かの変えどきを経たから。

そう言ったら。テルちゃんは歌男を呼ぶことを許してくれた。会ってお礼を言いたいよ、とさえ言ってくれた。

ただ、その井田さん自身が来てくれるかなぁ、ともテルちゃんは言ってたが、歌男は来てくれた。呼んでくれるなら行くよ、とあっさり言ってくれた。でもまさか元カレとしてスピーチしろとか、そういうのはないよな？　と。さすがにそれはなし。あればあったでおもしろかったかもしれない。もしあれば、歌男は何と言ってたのか。

披露宴が始まる前に少し時間があったので、歌男と話すことができた。

泉、きれいじゃん、と歌男は言ってくれた。人の嫁に泉とか言わない、と言ったら、笑ってた。

聞けば。わたしと別れたあと、映画会社に勤めるカノジョができたらしい。宮坂沙寧《みやさかさね》。歌男は名前まで教えてくれた。わたしが訊いたからだが。

映画会社といっても、制作や配給といった映画関連事業だけではなく、飲食関連事業や不動産関連事業もやってる。映画会社に入ったのに飲食とか不動産とかの仕事をさせられるのも何だよなぁ、と歌男は言ってた。でもカノジョはちゃんと映画の仕事をさせてもらえてたそうだ。

で、まだ付き合ってるのかと思ったら。二年で別れ、今は同じ会社の後輩と付き合ってるという。浦川しほり。歌男はやはり名前まで教えてくれた。やはりわたしが訊いたからだが。

何で一つ前のカノジョのことまで言うのよ。わたしがそう言ったら、歌男はこう返した。いや、ほら、おれがそこそこモテることをアピールしようと思って。逃した魚は大きいと元カノの泉に思わせようと思って。

浦川しほりさんは、おれの五倍は仕事ができる元気な子、だという。ならよかった。素直にそう思った。

わたしにも何人か元カレがいる。その元カレたちが今どうしてるかを気にかけたことはない。そうなったのは歌男が初めてだ。それもやはり、何かの変えどきを経たからだろう。誰だって、知ってる人の幸せは願う。郵便屋さんの言ってたことが、今は少しだけわかる。

と、元カレのことはそこまで。

今はテルちんだ。やっと話を戻せる。

服を三回買いに来て。これで三セットそろいました。何か、やっと落ちつきました。と言ったテルちんは、そのあと、歌男もそうしたようにわたしの胸の名札を見て、こう言った。

「あの、片岡さん」

「はい」

「で合ってますよね？　名前」

「合ってます」

「お茶を、飲みませんか？」

「お茶を。それは、一緒にということですよね？」

「そうです。あ、でも、ぼくはほんとに服を買いたかっただけで。女性の店員さんに声をかけるとかそういう目的で来てたわけではないです。ただ、服を選んでもらってるうちに、片岡さんともっと話したいなぁ、と思うようになっちゃって。声をかけて断られたらもう店に来られなくなるなぁ、とも思ったんですけど。でもやっぱりかけちゃいました。がんばって」

「がんばったんですか」

「はい。すごくがんばりました。こういうの、初めてなんで」

「コクるのが、ですか？」

「あ、いえ。同じ学年の女子に、とかならあるんですけど。知り合いではなかった人にっていうのは初めてで。だから、あの、いやだったら断ってくれていいんで、もしよかったらお茶を」

テルちんが学生であることはわかってた。服をゼミの女子にほめられたと言ってたから。

歳下は、わたしも初めて。でも何か新鮮に感じた。

「お茶はいいです」とわたしは言った。

「え？」

テルちんは断られたと思ったらしい。あとでそう言ってた。

「ご飯行きましょう」

「はい？」

「お茶ならご飯のほうがいいです。何か、こそばゆくないですか？　お茶とか」

「こそばゆい、ですか？」

「お茶って言われても、わたし、どうせフラペチーノとか飲んじゃうし。フラペチーノはもうお茶じゃないですよね。まあ、ご飯でもないですけど」

「あぁ」

「だから初めからご飯。いやですか？」

「いえ、いやじゃないです」

「それで」

「はい」

「いやだったら断ってくれていいんでとか、言わなくていいと思いますよ」

「はい？」

「ただ誘っちゃえばいいんですよ。いやなら相手は断りますから」

「そう、ですよね」

「ご飯、何にします？」

「えーと、どうします？」

「わたしが決めていい？」

「どうぞ」

「じゃ、焼肉」

「いきなりですか？」

「ダメ？」

「ダメじゃないですけど。誤解されませんか？　深い関係のカップルかと」

「誰が誤解すんの？」

「誰もしませんけど」

「もしかして、そういう誘いではなかった？」

「あ、いえ、そういう誘いでないことは、ないです」

「じゃ、いいでしょ。お肉、おいしいじゃない」

「おいしい、ですね」

「おいしいものは人と一緒に食べたいじゃない」

「そうですね。じゃあ、焼肉にしましょう」

と、こうなったその日が、歌男と別れた翌日だった。

郵便屋さんをアパートに呼びつけてしまい、別れるよな？　と夜に電話で歌男に言われ、もう別れてるよ、とわたしが言った、その翌日だ。本当にたまたまそうなった。

だからテルちんはわたしが歌男と別れる前から店に来てた。コクられるのがあと一日でも早かったら、断ってたはずなのだ。わたし、一股は絶対にしないから。

昨日の今日。でもわたしはためらわなかった。もちろん、誰でもよかったわけではない。カレシと別れた傷を癒やしたくて、みたいなことではない。そんなしょうもないことでは、まったくない。そのときはまだ名前も知らなかったテルちんに対して、すんなり思ったのだ。あぁ、この人かもな、と。

初デートは焼肉。テルちんは大学生で、わたしはフリーター。わたしがお金を出すべきかと思ったが、誘ったのは自分なので出すとテルちんは言った。まあ、確かに、誘われたわたしが出すのも変。ということで、割り勘にした。初デートが焼肉で、割り勘。それもまた新鮮だった。

そこでテルちんのことをいろいろ知った。

テルちんはわたしより二歳下。有名な私大に行ってた。わたし自身が大学に行かなかったので、知ってたのは、その有名ということくらい。でもあとで、ものすごく偏差値が高い大学なのだと知った。わたしが無知なだけだったのだ。

これね、テルノブ。輝いて伸びるって書くの。正直、あんまり輝いてないし、これから伸びそうでもないけど。と郵便屋さんに紹介してしまったこともある。

しかたないのだ。テルちんにはまったく高偏差値感がないから。例えば、わたしのアパートに泊まりに来たときに、スケベな声が聞こえてくるのを期待して壁に耳を当てるという、男子中学生みたいなこともしてたから。

でもそれが。就職活動を経て、有名な商社に入った。大手も大手。超が付く一流の商社だ。輝いて、伸びてしまった。

そんなテルちんとの付き合いは順調だったが、やがて試練のときも来た。結構な試練。大手商社の社員らしく、テルちんが海外赴任することになったのだ。

実は優秀だったテルちん、実は英語を話すこともできる。幼稚園から小学校の途中まで、お父さんの仕事の都合でアメリカに住んでたのだ。

お父さん。木村直輔《なおすけ》さん。今はもう定年退職したが、去年までは独立行政法人の職員だった。貿易とかのそれなので、海外勤務をした時期もあった。基本は単身赴任。でもアメリカのときは家族を連れてってたらしい。

というわけで、わたしとテルちんは遠距離恋愛カップルになった。テレビドラマかよ、と言いたくなるくらい見事なそれだ。

結局、テルちんは三年間ロンドンにいた。二年の予定が一年延びて三年になったのだ。テルちんの海外赴任を機に、わたし自身はアルバイトから正社員になった。

その一年前、ずっとバイトをしてきた津田沼の店で、正社員にならないかと店長の杉野さんに言われた。そこではあっさり断ってた。服を売るのは好きだが、バイトのままでいい。社員になる必要はない。そう思ったのだ。売上の数字ばかり気にするようになるのはいやだなと。

でもちょうど四月になるときにまた声をかけてもらえたので、やっと決断した。正社員になろう、服を売ることは好きなのだからその仕事に少しは責任も持とう、と。

正社員になったあと、津田沼から千葉の店に移った。そこへも通えたので、みつばから出る必要はなかった。たとえ通勤に一時間かかるようになったとしても出なかったと思う。そのころにはもう、ダーリンみたいな郵便屋さんがいるみつばという町自体をとても好きになってたから。

仕事でテルちん不在の穴を埋める。気持ちの穴を埋める。正社員になったのにはそんな目論《もくろ》見《み》もあった。実際、残業も増え、かなり忙しくなったので、少しは埋まったはずだ。

でも初めの一年はきつかった。そこまできついとは思わなかった。彦星に会えない織姫の気持ちがよくわかった。

歌男から電話もあった。

わたしと別れたあと、神戸の本社に異動になったという。でも二年弱で東京に戻った。で、ウォレットチェーンを返してもらおうと電話をかけてきたのだ。

ウォレットチェーン。財布に付けておく金属製の鎖。確かに、歌男はわたしの部屋にそれを忘れていった。わたしが郵便屋さんを呼んだあの日だ。

でも別れたので、わたしはそれを捨ててしまった。歌男にもそう言った。

その際、あれこれ話をした。歌男のことを聞き、自分のことを話した。カレシがいることも話したが、遠距離になってることまでは話さなかった。何年か前のわたしなら話してたと思う。さびしさのあまり、元カレの歌男を頼ろうとしたかもしれない。二股をかけはしなかったはずだが、会ってご飯を食べるぐらいはしたかもしれない。

もちろん、実際にはしなかった。何かの変えどきを経たわたしとして、そこは我慢した。

どこかのタイミングでロンドンに行こうとは思ってた。が、結局は一度も行けなかった。お金の都合と仕事の都合とでだ。

でも年末年始の休みにテルちんが一時帰国した際は、成田空港まで迎えに行った。

小中学生のころ、いとこの修くんによくそうしてたみたいにチュウする気満々でいたが、いざ会うとできなかった。テルちんがわたしを見て泣いたからだ。

結構がっつり泣いた。大泣きと言ってよかった。だから、ハグした。五分くらいずっとそうしてた。

こいつほんとにいいやつじゃん、と思った。そのときが、初めてテルちんを、というか人を本気で愛した瞬間、だったかもしれない。

二年めに一時帰国したときは、日本に戻ったら結婚したい、とテルちんが言ってくれた。うれしかった。そのうれしさが乗った分、テルちんがロンドンに行くときは本当に悲しかった。悲しすぎて張り裂けてしまってないか、自分の胸を見て確認したくらいだ。

でもどうにか三年が過ぎて、テルちんはついに帰国。もう完全に帰国。

会社人事は油断がならないから、やっぱもう一年お願いしま～す、もあるんじゃないかと不安になったが、それはなかった。本当にないんですね？　と確認するために丸の内の会社を訪ねそうになった。

で、わたしたちはいよいよ結婚に向けて動きだした。

まずはテルちんがわたしの実家に来た。船橋市にある賃貸マンションだ。

そこでテルちんは型どおりに、わたしの両親に言った。

「泉さんをぼくにください」

「よろしくお願いします」と父時久はすんなり言った。何なら、ください、の、さ、のあたりでもう言った。

母津弥子がそれを見て笑った。そしてテルちゃんに言った。

「わたしたちは泉にどうこう言える親じゃないので。わがままな親を見て育ったわがままな娘ですけど、どうかよろしくお願いします」

それからわたしがテルちゃん家《け》に行った。木村家だ。そしてお父さんの直輔さんとお母さんの忍《しのぶ》さんにあいさつした。

わたしは言った。

「わがままな親を見て育ったわがままな娘ですけど、どうかよろしくお願いします」

冗談だと思ったらしく、直輔さんも忍さんも笑ってくれた。テルちゃんも笑った。ならばとわたしも笑った。

テルちゃんは高校野球と相撲《すもう》が好きだ。直輔さんも相撲が好き。だからその話をした。

テルちゃんがテレビで相撲を見るから、わたしも一緒に見るようになってたのだ。結果、自身、ちょっと好きになった。ちょっと詳しくもなった。

「お名前、木村直輔さんて、行司の木村庄之助《しょうのすけ》さんみたいですね」

「おぉ、すごい。輝伸のお相手からまさか木村庄之助の名前を聞くとは」と直輔さんは喜んでくれた。

そしてとっくりの日本酒をわたしのお猪口《ちょこ》に注いでくれた。

その日本酒は、何と、歌男の会社製のものだった。しかもプレミアムもの。台所に瓶が置いてあったので、そうとわかった。変なとこでつながるもんだな、と思った。

そのおいしい日本酒を飲みながら、相撲の話をした。

直輔さんはやはり実力者白鵬《はくほう》が好きだった。でも稀勢《きせ》の里《さと》や琴奨菊《ことしょうぎく》にも期待してた。

わたしは豪栄道《ごうえいどう》の一本推しだ。

テルちんが好きなのは豊ノ島《とよのしま》。大関までは行けない関脇《せきわけ》ぐらいの人に惹かれちゃうんだよね、と言ってた。関脇。テルちんぽい。

結婚が決まると、次は新居をどうするかという話になった。みつばに居つづけたい気もしたが、メゾンしおさいはワンルームなので、そうもいかない。

で、半年前。ウチの会社の新店が錦糸町にオープンすることになった。社内で、そこに勤務する社員を募った。

惹かれた。テルちんは帰国後丸の内勤務になったが、わたしも錦糸町なら都合がいい。新居を決めやすい。何よりもまず、新しい仕事をしてみたい。

ウチの店は、その少し前から子ども服も扱うようになってた。その流れで、いろいろな取り組みを始めようとしてた。

手を挙げた。期間初日に応募したのがよかったのか、応募者自体がそんなにいなかったのか。選んでもらえた。

そして二ヵ月前。みつばのメゾンしおさいから江東区の門前仲町《もんぜんなかちょう》にあるマンションに引っ越した。

そうしたうえでの、今だ。

すでにテルちんとの新生活は始まってる。テルちんは門前仲町から東京メトロ東西線で会社に通い、わたしは門前仲町から都営バスで錦糸町の店に通ってる。テルちんはもうふざけてでも壁に耳を当てたりしない。男子中学生みたいではなくなった。中学はちゃんと卒業した。

披露宴の主賓は、テルちんの会社の上司。何と、常務だ。といっても、そこは大会社。常務だけで四人いるらしい。だとしても、社員が数千人いるなかでの四人。すごい。そんな人に来てもらえるテルちんもすごい。

その常務からのありがたいテルちんほめほめスピーチも終わり、プロ司会者の女の人が言う。

「それでは皆さま、どうぞご歓談ください」

待ってましたのご歓談。でも今日のわたしはお客じゃないからそんなに気は抜けない。お酒を飲めるだけ飲んじゃうわけにはいかない。グラスに注がれるビールを律儀に全部飲んでたらすぐに酔ってしまう。泥酔する花嫁、になってはマズい。わたし自身の立場もないし、テルちんの立場もない。

とはいえ。やはり多くの人たちがビールを注ぎに来てくれる。知ってる人、知らない人、どちらもいる。知ってる人が来てくれるとやはりほっとする。

で、はい、来ました、知ってる人。森内夫妻。森内公利綾瀬夫妻。

綾瀬がわたしの友人だ。旧姓米山。ただ、森内さんのことも知ってる。こちらは先輩。中学のときの先輩だ。部ではなく、クラブの。

わたしが行ってたころの中学校には、まだ必修クラブというものがあった。授業内でやるクラブ。生徒全員が何かしらに入るそれだ。

中一のとき、わたしはジャンケンに負けて創作文クラブに入った。確か三回負けてそうなった。お手玉クラブとかかるたクラブとか、そんなのを希望してたのだ。

読んでたのは漫画だけ。小説なんて『トム・ソーヤーの冒険』しか読んだことがなかったわたしが創作文クラブ。まず、創作文、の意味がわからなかった。それが小説。そこはまさに小説を書く、書かされるクラブだったのだ。

その創作文クラブで、わたしは米山綾瀬と知り合った。

てっきり綾瀬もジャンケンに負けて来たのだろうと思ったら、ちがった。綾瀬は自ら希望してそのクラブに来てた。ジャンケンはしなかったという。希望者は一人だったからすんなり決まったのだ。

そこでは本当に小説を書かされた。何でもいいから書きなさいと担当の番場先生は言った。しかたなく、わたしは探偵小説を書いた。そういうのしか思いつかなかったのだ。

探偵の名前は、トム・ソーヤーからもらってトムにした。タイトルはこれ。『トムは冒険しない』。内容はそのまま。トムはまったく冒険しない。まず、事件が起きないのだ。金髪の秘書ルーシーと二人で事務所にいるだけ。そこでコーラを飲み、指にはめたとんがりコーンを食べてるだけ。日常を書けばいいと番場先生が言うのでそうした。日常なんてそんなもんだから。で、原稿用紙五枚じゃ事件は起きない、みたいなことを言わせて強引に終わらせた。わけのわからない話だ。

でも綾瀬は、すごくおもしろいアイデアだと思った、と言ってくれた。まあ、頭のいい綾瀬なら思いつかないだろう。あまりにもバカバカし過ぎて。

その綾瀬は、『空を飛んだカメ』という小説を書いてきた。自分で書いた『トムは冒険しない』よりもはっきりと内容を覚えてる。そのもの、空を飛んだ亀の話だ。

いつもは川や川辺、つまり水や陸にいる亀が、空を飛んでみたいと思う。そこで知り合いのツバメに頼み、飛ばせてもらう。

その飛行中、ツバメは、人間の王様が飼ってた鷹に襲われる。

亀は、王様が乗ってた馬の背に落ちる。そして何故か気に入られ、家来になる。

城でまかされた仕事は、毎日パーティーをする王様のもとへワインを運ぶこと。ワインを注いだグラスを甲羅に載せて、王様に届けるのだ。

もちろん、そんなの無理。ワインはこぼれるし、グラスは割れる。でも亀はがんばる。同じ家来である人間のハンスと友だちになったりもする。

王様はパーティーをするだけでなく、よその国と戦争もしてる。ハンスたち国民はやめてほしいと思ってるが、そうは言えずにいる。と、亀にはそんなこともわかってくる。

初めて王様のもとへワインを運べた日。亀は夜空を眺めようと城の塔に上り、そうとは知らずに大砲の砲身のなかで休む。

で、翌朝、なかの砲弾とともに発射されてしまう。王様がよその国にその弾を撃ちこんだのだ。

砲弾に乗って、亀はまた空を飛ぶ。空はきれいだな、と思うが、ふと下の川に目を向け、砲弾から滑り降りる。そしてぽちゃんと川に落ちる。

と、そんな話。

すごくおもしろかった。同じ中一が書いたとはとても思えなかった。でも同じ中一が書いてるから、とても読みやすかった。

空はきれいだな、が印象に残った。すごいな、綾瀬。と感心した。本人にもそう言った。作家になれるよ、みたいなことも言った。

綾瀬は、わたしが行った高校より十以上偏差値が高い高校に行った。中学ではわたし同様帰宅部だったが、その高校では文芸部をつくったらしい。自分で部を立ち上げたのだ。興味がある人たちを集めて。

その高校時代もたまには会ってた。ハンバーガー屋さんで一緒にハンバーガーを食べたりした。わたしも綾瀬も好きだった、トマトが挟まってるやつだ。

そこでその文芸部の話を聞いた。わたしは特に驚かなかった。綾瀬なら当然、と思ったのだ。

「泉のおかげだよ」と綾瀬は言った。

「は？」

「泉が『空を飛んだカメ』をほめてくれたでしょ？　あれが自信になったの。だから部をつくれた。中学でもそうすればよかったと、あとで思ったよ」

「わたしじゃなくて、二日一先輩と番場先生にほめられたからでしょ。小説のことなんか何も知らないわたしのほめに意味はないよ」

「いや、泉みたいな人にほめられたから自信になったんだよ」と綾瀬は真剣な顔で言った。

泉みたいな人、というのにちょっと笑った。わたしが笑ったのを見て、綾瀬も笑った。そして言った。

「ごめん。泉みたいな人って、何か失礼だよね」

「失礼じゃないよ。わたしみたいな人のほめが綾瀬みたいな人に利いたんなら、それはすごくうれしい」

わたしとちがって、綾瀬は大学にも行った。文学部で日本文学を学んだらしい。まあ、そうだろう。綾瀬ならそうするべきだ。

綾瀬は本当に作家になると、わたしは本気で思ってた。中一であんなものが書けるんだからそうなるだろうと。

ならなかった。たぶん、綾瀬はなろうとしなかった。高校で文芸部をつくりはしたが、作家になろうとまではしなかった。なれると思わなかったのだ、自分で。

で、今は何をしてるかと言うと。計量器をつくる会社に勤めてる。体重計とか歩数計とか、そんなのをつくる会社だ。

そして、ほかの女子たちからの人気も高かった創作文クラブ唯一のイケメンと結婚した。趣味が合いそうだった部長の二日一先輩ではなく。意表を突いて、森内先輩。

その森内先輩、中学のときはバスケ部に入ってた。わたしと同じように、ジャンケンに負けて創作文クラブに来たのだ。でも負けてよかったと今は思ってるはず。だって、そのおかげで綾瀬と知り合えたから。

二人は、大学生のときに再会して、付き合うようになったらしい。別に創作文クラブの同窓会みたいなものがあったわけじゃない。部ならともかく、必修クラブでそんなものはない。

声をかけたのは森内先輩。書店でバイトをしてた綾瀬に気づき、言ったのだ。あれ、米山さんだよね？　と。店員とお客。そのあたりは、わたしとテルちんと同じだ。

森内先輩がよく気づいたなと思ったよ、と綾瀬はわたしに言った。でも実は森内先輩、中学のときから綾瀬のことが気になってたという。『空を飛んだカメ』もすごくおもしろいと思ってたそうだ。感想発表の際は、クラブの副部長として一日一部長の作品を推したが。

森内先輩は今、水道局の職員。三十を過ぎて少しふっくらしたが、相変わらずイケメンはイケメンだ。それをゲット。がんばったな、綾瀬。

二人が結婚したのは三年前。わたしも結婚式と披露宴に出た。新婦友人として、綾瀬が呼んでくれたのだ。

六月。ジューンブライド。そうでなくてもいいと綾瀬は言ったのだが、そこはイケメンにしてロマンチストでもある森内先輩がそうしようと言った。森内先輩、実はサプライズとかも好きらしいのだ。あ、車の助手席に荷物置いてきちゃったから取ってきて、と言われて綾瀬が取りに行くとそこにはバラの花束が、なんてこともあるそうだ。うれしいけどちょっと引く、と綾瀬は言ってた。

ジューンブライドはいいが。ジューン＝六月＝梅雨。式と披露宴の日は梅雨の真っ只中だったので、雨が降った。しかもザーザー降り。電車が止まって会場に着けないんじゃないかとひやひやした。でも数分遅れただけでどうにか会場に着き、参列した。

綾瀬はきれいだった。ウェディングドレスが似合わない女の人はいない。みつばの郵便屋さんが言ったあれはやはり正しかったのだ。こうなれるならわたしも結婚したいと思った。

披露宴はとても楽しいものだった。うたにゲームにダンスにマジック、と余興も盛り沢山。名前は知らないプロのお笑い芸人さんも来た。わざわざボードを用意して、新郎の森内先輩がダーツの腕前をまさに披露したりもした。それは綾瀬の提案だったらしい。

最後はやはりこれ。花嫁の手紙。自ら書いたそれを読んで、綾瀬は泣いた。泣くとは思ってなかったがいざ読んだら泣いてしまった、のだそうだ。綾瀬のお父さんもお母さんも泣いた。多くの人たちがもらい泣きした。わたしも同じだ。目の前で何人もの大人たちに泣かれたら、そりゃつられる。

で、綾瀬が呼んでくれたから、わたしも式と披露宴に綾瀬を呼んだ。一応、知り合いでもあるので、森内先輩も一緒にだ。

「泉、おめでとう」とその綾瀬がビールをグラスに注ぎながら言ってくれる。

「おめでとう。ぼくまで呼んでくれてありがとう」と森内先輩も言ってくれる。

「来てくれてありがとうございます」

二人にそう言って、わたしはビールを飲む。少しにするつもりが、結構飲んでしまう。二人分、ということで。

「泉も結婚するんだね」と綾瀬が言い、

「するよ、そりゃ」とわたしが言う。

「テルちんさん、優しそう」

「いや、テルちんさんて」とこれは森内先輩。

「泉がいつもそう言うから、わたしまで言うようになっちゃった」

「綾瀬は家で何て呼ぶの？　先輩、じゃないよね」

「森内くん、かな」

「まさかのくん付け？」

「うん。おかしい？」

「おかしくは、ないのか。わたしもそうしてみようかな。テルちんくん」

「いや、ちんはいらないでしょ。テルくんでいいじゃない」

「森内先輩は？　綾瀬を何て？」

「綾瀬かな、普通に」

その二人になったつもりで、わたしは言う。

「なあ、綾瀬。なぁに？　森内くん。って、何かエロい」

「何でよ」と綾瀬が笑う。

「新婦がそういうこと言う？」と森内先輩も笑う。

綾瀬には、このあとのスピーチを頼んでる。それは受けてくれたが。短い小説を書いてそれを朗読するっていうのは？　とわたしが言ったら。絶対いや。と綾瀬は言った。やはり笑って。

旧姓米山の、森内綾瀬。どう考えても、わたしと合う人ではなかった。なのにここまで仲が続くとは。というそれは、わたしより綾瀬のほうが、ずっと強く思ってるだろうな。

森内夫妻が仲よく新婦友人席に戻っていく。ただ戻っていくだけなのに、仲よく戻っていくように見える。

自分が招待客であるかのように、わたしは心のなかで言う。末永くお幸せに。

その新婦友人席の後方、新婦親族席には、善英叔父さんや亜砂子叔母さんがいる。修くんもいる。二人の息子、わたしのいとこである修くんだ。元カレの歌男にやきもちをやかせた罪ないとこ、柴原修太。

修くんはわたしより三歳下。子どものころは本当にかわいかった。もう食べちゃいたいくらいだったが、実際には食べられないので、わたしは代わりにハグをしたりチュウをしたりした。やめてよぉ、なんて修くんは言ってたけど、そんなにいやそうでもなかったので、やめなかった。さすがにチュウは修くんが小学生のときまで。でもハグは中学生のときもしてたはずだ。

わたしの唇が修くんの唇に触れてしまったことも何度かはあるだろう。だから、たぶん、修くんのファーストキスを奪ったのはわたしだ。亜砂子叔母さんがもっと早くにそれをしてなければ。

修くんの家は大和市の中央林間にある。渋谷から出る東急田園都市線の終点だ。わたしが住んでた船橋からは二時間近くかかった。それでも、わたしはよく遊びに行った。行くたびに、どこか近場に出かけたり、修くんと柴犬和の散歩に出たりした。叔父さんと叔母さんが横浜や江の島に連れてってくれたこともある。

そんな柴原家の人たちにも招待状は出してたが、修くんには電話もかけて直接、来てね、と言った。もしカノジョがいるなら連れてきてもいいよ、と。

カノジョはいないよ、と修くんは言った。でもできそうではあるようだった。気になってる人はいたらしい。同じ会社の人。もちろん、わたしは知らない人だ。

ということで。修くんはまたもわたしに、カノジョ見極め依頼、をしてきた。

それはもはや恒例行事。いつもそうなのだ。気に入った子ができると、修くんはわたしにこの子はだいじょうぶかと尋ねてくる。具体的には、スマホでプロフィールを送ってくる。写真は複数。十枚とか二十枚とかあったりする。プロフィールは修くんの手書き、というか手打ち。歳や知り合った経緯なんかが記されてる。

送られてくるたびに、マジか、と思う。そんなのでわかるわけないのだ。わたしは心理学者でも占い師でもない。修くんにもそう言うのだが、それでもいいからと修くんは言うのだ。

写真は、修くんが遠くから隠れて撮ったりしたものではない。撮られた子はちゃんとこっちを見てる。つまり、ちゃんと許可を得て撮ってる。なかには修くんとのツーショット写真もある。

そんな写真を撮れてるんだからもうほぼカノジョでしょ、とわたしは思う。そして実際にそう言いもするのだが、それでも修くんは訊いてくるのだ。だいじょうぶだと思う？　と。

何故そうなったのか。きっかけは、修くんが中二のときにわたしが、あの子はやめといたほうがいいかもね、と言ってしまったこと。

大和市にある泉の森なる公園に行った帰り。中央林間の駅前の店で修くんとハンバーガーを食べた。綾瀬ともよく食べた、トマトが挟んであるやつだ。

そのとき、たまたま店にいた修くんのクラスメイトの女子、実はカノジョ、がわたしたちに声をかけてきた。で、修くんにわたしのことを訊いた。いとこだと修くんは答えた。

でもその子は探るようにもう少し訊いてきた。わたしのことを修くんの浮気相手だと思ったのだ。だからわたしが自分で説明した。わたしは本当にいとこで今日は遊びに来ただけなのだと。

それで信じてはくれたようだが。驚いたことに、実はその子自身がほかの男子と店に来てた。自分が浮気をしてたのだ。

そんな事情が見えたから、わたしは修くんに言った。あの子はやめといたほうがいいかもね。

実際、わたしの見立てはまちがってなかったらしい。その子は、一緒に店に来てたサッカー部の子だけでなく、バレー部の先輩ともつながってたという。それどころか、どこぞの高校生ともつながってたという。二股どころか四股をかけてたわけだ。あとで修くんからそう聞いた。早めに引いといてよかったよ、と修くんは言った。まさにそのとおり。修くんは身を引いたのだ。結果、サッカー部男子とバレー部の先輩のいざこざに巻きこまれることはなかった。ただ。初めて会ったその一度でわたしがその子の本性を見抜いたということで、すごい！と修くんは思ってしまったらしい。わたしに言わせれば。浮気相手とのデート中にカレシに声をかけに行く女子はもうその時点でダメでしょ、ということなのだが。

以来、修くんはわたしにその、カノジョ見極め依頼、をしてくるのだ。高校生大学生になってもそれは続いた。まさか社会人になっても続くとは思わなかった。

なかには、わたしがゴーサインを出した子もいる。というか、ほぼ毎回わたしはゴーサインを出してる。だって、わかりようがないから。

つまりそのゴーサインカノジョとも修くんはうまくいかずに別れてるということなのだが。それでも依頼はしてくるのだ。もう、占いやおみくじみたいな感覚なのだと思う。修くんの恋愛事情を知れて楽しいから、わたしもついつい乗ってしまう。

あんなにかわいかった修くんは今、半導体をつくる会社に勤めてる。父親の善英叔父さんと同じ理系だ。叔父さんが勤めてるのは道路を舗装する会社。理系のなかでも系統はちがうらしいが、無知なわたしにしてみれば理系は理系。それだけで天才に見える。

半導体。よく聞く言葉だが、よくわからない。わたしがそう言うと修くんは説明してくれたのだが、聞けば聞くほどわからない。説明のなかに何度かその言葉が出てきたので、USBメモリーのことだと思うようにしてる。

修くんは地元のいい高校からいい大学に行って、そのいい会社に入った。叔父さん叔母さんにとっては自慢の息子だが、わたしにとっても自慢のいとこだ。そんな優秀な修くんでも、女のことはよくわからないらしい。わたしにとっての半導体が、修くんにとっては女なのだ。

で、今回も、結婚式に来てねとわたしが電話で言ったときに修くんは依頼をしてきた。電話を切ったあとに写真とプロフィールも送ってきた。

いや、だからそれだけじゃわかんないよ、と思ってたら。写真を見ただけじゃわかんないだろうから、とのメッセージ付きで、何と、動画まで送ってきた。いや、さすがに動画はマズいでしょ、とも思ってたら。いとこには見せると言ってあるからだいじょうぶ、とのメッセージも来た。

それでわたしはどうしたか。メッセージを返すのではなく。もう一度電話をかけた。

「もう二十七なんだから、修くんが自分で判断しな」

始まりはわたしなのでちょっと無責任な気もしたが、そう言ってしまった。

「そもそもさ、わたしがはっきりやめといたほうがいいって言ったのは、最初のあの子だけじゃん」

「そう、だった？」

「そうだった。あとは、この子かわいいねとか、そんなことを言ってただけ。まあ、服がちょっとダサい、と言ったことくらいはあるけど。でもそれはわたしが恋愛マスターだからじゃなく、服屋の店員だから。実際、その服がダサい子とは結構長く続いたじゃない」

「うん。ぼくがフラれた」

「それでいいんだよ」

「え？」

「付き合ってみなきゃその人のことはわからない。好きだから付き合いたくなる。で、付き合う。それでダメならしかたないよ。付き合わないで、たぶん付き合わなくてよかったんだ、なんて思うのは変。わたしはね、今度結婚するテルちんとは、前のカレシと別れた次の日から付き合ってんの。次の日にコクられて、受け入れたの。まだ別れたばかりだからそんな気にならない、みたいなことを言わなくてよかったと思ってるよ。でも前のカレシとも付き合ってよかった。それがあってテルちんがいるんだと思えるから。修くんだってそうだよ」

「ん？」

「修くんも、いいとこだけどその流れには関係してる。わたしには大好きないとこの修くんがいて、好きっていう感情はそこにもあって、そのうえで、テルちんに対する好きもあんの。一つ一つは別だけど、そんなふうに好きはつながってんの。何か、自分でも言っててよくわかんないけど、まあ、そういうことなの」

「好きを受け入れなさい、みたいなこと？」

「まあ、そうなのかな」そしてわたしは言う。「すごいね、修くん。やっぱ頭いい。そう言われたら、そうなんだって気がしてきた。好きを受け入れなさい。そうだね。そういうことだ。何よ。わたしじゃなくて、修くんが言っちゃったじゃん」

と、まあ、結局はそんなバカ話になってしまったが。その電話の最後に修くんは言ってくれた。

「結婚おめでとう。泉ちゃんを奥さんにできるテルちんが、ちょっとうらやましいよ」

修くん、今は職場に近い武蔵境《むさしさかい》で一人暮らしをしてる。でも月に一度は中央林間の実家に帰るという。

柴原家で飼ってた柴犬の和は、三年前に亡くなってしまった。ようやく悲しみも癒えてきた善英叔父さんと亜砂子叔母さんはまた犬を飼うことを検討してるらしい。

次も柴犬。柴原だから、柴犬。飼ったら会いに行かなきゃな、と思う。何ならテルちんも連れてっちゃおう、と。

二〇一七年　木村泉　三十一歳

柴犬雅《まさ》を飼いだした柴原家よりも先に、富おばあちゃんの家を訪ねることになった。

そこにテルちんも連れていった。一度見せておきたかった。テルちんにも知っておいてほしかったのだ。今後その家やおばあちゃんの話をすることは何度もあるだろうから。

わたしは船橋市で生まれ、小学二年生までそこに住んだ。その後、小学三年生四年生のときはあきる野市でおばあちゃんと暮らした。預けられたのだ、おばあちゃんに。

といっても。お母さんが実母であるおばあちゃんにわたしを押しつけたわけではない。おばあちゃんが自ら言ったのだ。わたしが泉を預かるから津弥子は時久さんとやり直しな、と。つまり、離婚はしないようにしな、と。

だからわたしは小三になるときに転校した。お父さんとお母さんと離れるのは不安だったが、おばあちゃんと暮らせるのはうれしかった。大好きなのだ、富おばあちゃんのことは。

おばあちゃんはいつも笑ってる人だった。笑ってるというか、にこにこしてるのだ。そう。にこにこ。それが一番しっくり来る。真顔がもう、にこにこ。

その二年で怒られたことはほとんどない。わたしはいい子ではなかったからいろいろと注意されてはいたはずなのだが、その印象がないのだ。それはダメ、と言うのでなく、それはしないほうがいいねぇ、とおばあちゃんがやわらかく言ってくれてたからだと思う。

わたしがよくするハグだって、考えてみたら、おばあちゃん仕込みかもしれない。ハグなんて言葉はつかわなかったが、おばあちゃんはいつもごく普通にわたしをハグしてくれた。本当に普通なのだ。はい、いってらっしゃいとか、はい、おかえりとか、そんなことを言いながら、ふわっと抱きしめてくれた。

テレビを見るときなんかもそう。隣にいるわたしの肩に手をまわしてくれたりした。お笑い芸人さんがおもしろいことを言うと、おもしろいねぇ、とばかりに肩をさすってくれるのだ。一発ギャグでおばあちゃん自身笑ってるのに、これどういう意味？　とわたしに訊いてきたりもした。意味はないんじゃない？　と返したら、意味がないのにおもしろいなんてすごいねぇ、とおばあちゃんは笑った。わたしも笑った。いつもそんな感じだった。

おばあちゃんは母方だから、名字は片岡ではない。柴原。でもわたしが柴原泉になることはなかった。なる可能性はあったのだと思う。特にその二年はかなり高かったかもしれない。でも、ならなかった。お父さんとお母さんは離婚するところまではいかなかった。おばあちゃんのおかげだ。

正直、そのあたりの事情はよく知らない。わたしが知ってるのは、お父さんとお母さんがうまくいかなくなったことだけ。わたしが小学校に上がるころからよくケンカをするようになったことだけだ。

実際、二年生になるころには、わたしの前でもケンカをしてた。かなりきつい言葉でやり合ったりもした。どちらかが手を出すんじゃないかと、子どもながらひやひやしたこともある。

で、たぶん、お母さんが離婚すると言いだした。それを聞いて、おばあちゃんが提案したのだ。わたしを預かることを。

お父さんは、そもそも自転車をつくる会社に勤めてた。わたしが五歳ぐらいのときにそこをやめたらしい。そしてタオルを扱う会社に勤めたが、二年ほどでそこもやめた。その少しあとに、おばあちゃんがわたしを預かることになるのだ。

わたしがおばあちゃんと暮らしてた二年、お父さんとお母さんがどうしてたのかもよく知らない。これもたぶんだが、一時期は別居してたはずだ。生活費を稼ぐため、お母さんはどこかにフルタイムで勤めてもいた。そんなふうにして、二人は距離をとった。離れることで、お互いに少し落ちついた。と、そういうことだったのだと思う。

今もわたしは正確なことを知らない。お父さんとお母さんは何も言わないし、わたしも訊かない。

二年経ってわたしが船橋に戻ったとき、お父さんはバストイレ用品を扱う会社に勤めてた。お母さんは近くの焼肉屋さんでパートをしてた。パートだからフルタイムではない。昼のランチタイムのみ。

お父さんが休みの日に、三人でそこに晩ご飯を食べに行った。

お店の焼肉はおいしかった。家のホットプレートでやる焼肉とは全然ちがった。お店のラーメンとカップラーメンぐらいちがった。

「ごめんね、泉」とお母さんは言った。

「ごめんな、泉」とお父さんも言った。

お肉がおいしいからいいよ、みたいなことをわたしは言った。

二人はそれで笑ってくれた。よかった。そのときにやっと、これでだいじょうぶかもしれない、と少しだけ思えた。安心してお肉を食べられた。安心して食べるお店の焼肉は本当においしかった。

だからわたしは焼肉が好きなのだ。ついでに言えば、だからテルちんとの初デートも焼肉にした。

それからはお父さんも会社をやめなかった。お母さんはパート先を替えたが、そうしたあともその焼肉屋さんには何度か行った。もう働いてないから割引がないのが残念、とお母さんは笑った。ならわたしがここでバイトしようかな、と一瞬思った。高校生のころの話だ。

とにかく、わたしたち家族がそんなふうになれたのはすべておばあちゃんのおかげだ。去年の披露宴のときも思った。ここにこうしてお父さんとお母さんがいるのも、結局はおばあちゃんのおかげなんだな、と。

だから、花嫁の手紙、を読むときも、アドリブでおばあちゃんのことを足した。泣かない予定だったわたしが泣いたのは、たぶん、そのせいだ。もちろん、お父さんとお母さんのことも考えたけど、おばあちゃんのあのにこにこ顔が頭にぽんと浮かんでしまったのだ。

二人で暮らしてたとき、おばあちゃんはもうおばあちゃんに見えたが、計算してみたら五十七歳だった。思いのほか若かったのだ。自分が三十一歳になった今、五十七歳はまだ若いと感じる。

わたしを預かるその何年も前から、おばあちゃんは一人で暮らしてた。康《やす》おじいちゃんは、わたしが三歳のときに五十代で亡くなってるのだ。生まれてすぐとそのあとにも何度か会ってるらしいが、わたしにその記憶はない。写真でおじいちゃんの顔を知ってるだけだ。

で、おばあちゃんは五十七歳というその年齢で、何と、わたしのために運転免許をとろうとしてくれた。車に乗れれば、わたしの送り迎えをしたり、二人で買物に行ったりするのに便利だろうと考えたのだ。

昼間、わたしが学校に行ってるあいだに、おばあちゃんは自動車教習所に行った。結構遠くにあるので、無料送迎バスを利用した。

おばあちゃんはがんばったが、歳も歳。免許をとるのに一年近くかかった。教習所の期限もぎりぎりだったらしい。当然、何時間もオーバーしてるから、お金もかかったはずだ。

とはいえ、どうにかとった。とってくれた。そして中古の軽自動車を買った。わたしが好きな黄色のにしてくれた。それに乗るおばあちゃんはかわいかった。砲弾に乗って空を飛ぶ亀と競るぐらいかわいかったと思う。

わたしがおばあちゃんと暮らしたのは二年だから、実際におばあちゃんの車に乗せてもらったのは最後の三ヵ月ぐらい。でもそれで充分だった。一人に戻ってからのおばあちゃんの生活も便利になったはずだから。

そのおばあちゃんの家。たまに善英叔父さんが来て、窓を開けたり掃除をしたりはしてたらしい。おばあちゃんの遺品の整理ももう終わってる。それは善英叔父さんとわたしのお母さんがやった。

わたしはおばあちゃんのブローチを形見にもらった。バカ高くはないだろうが、真珠をつかってるので、そこそこの値段はするはずだ。まあ、値段のことはいい。千円でも十万円でも関係ない。おばあちゃんが学校の授業参観なんかに来るときによく着けてたもの。見覚えがあったから、それちょうだい、と母に言った。古いことは古いが、なかなかおしゃれだ。もうちょっと歳をとったらわたしも着けたい。なくさないように注意して。

そんなわけで、家はもう空っぽ。壊されるのを待つのみとなってる。実際、二週間後には壊される。おじいちゃんとおばあちゃんのお墓も、善英叔父さんが住む大和市にすでに移した。

悲しいが、しかたない。家は誰かが住むもの。住まなければ意味はない。というそれは、おばあちゃん自身が言ってたことだ。

おじいちゃんは、あきる野市以外にもいくつか土地を持ってたらしい。でも五十代で病気になると、それらをすべて売ってしまった。先を見越して、おばあちゃんにお金を遺すことにしたのだ。だからおばあちゃんは、おじいちゃんが亡くなったあとも無理をせずに暮らしていけた。わたしを預かることもできた。

この土地も同じ。家を壊し、更地にしてから売ることになってる。そうするよう、おばあちゃん自身が言ったのだ。娘と息子に。わたしの母と善英叔父さんに。

わたしも二年住んだおばあちゃんの家。懐かしかったが、ものがないので、さびしく見えた。見てるだけで、何だかポヤ～ンとした。わたしがそうなってるので、テルちんまでもが同じくポヤ～ンとした。

「おばあちゃんとここに住んだんだね」とテルちんが言い、

「うん」とわたしが言った。

「おばあちゃんも、泉さんと住めてうれしかったんじゃないかな。というか、楽しかったんじゃないかな。今のぼくみたいに」

「だといいけど」

いてもすることがない。することがないのがまたさびしいので、二十分ぐらいでおばあちゃんの家をあとにした。

で。

そういえば、と思い、アカシヤに行ってみた。近くにあった個人経営のコンビニだ。植物のアカシアとは無関係。明石さんがやってたから、アカシヤ。

店がもうないことはわかってた。わたしがここに住んでたときに閉店したのだ。確か一年め。小三のとき。それまではよく朝ご飯用の食パンを買ってた。

テルちんと二人で行ってみると。もちろん、アカシヤはなかったが、そこに大手のコンビニができてた。

あぁ、そうなんだ、と思い、店に入ってみる。

「いらっしゃいませ」とまず言われ。

しばしの間を置いて。

「あれっ。泉ちゃんじゃない？」

レジカウンターのなかでそう言ったのは。

「弓乃さん。ですか？」

「わかりますよ。わかる？」

「わかります。というか、弓乃さんがよくわかりましたね」

「わかるよぉ。泉ちゃんはわかる。顔、変わってないし」

「わたし、もう三十一ですよ」

「え、そうなの？　って、わたしももう四十四だけど」

言いながら、弓乃さんがカウンターから出てくる。アカシヤのころはエプロンを着けるだけだったが、今はコンビニの制服を着てる。わたしが小学生のときに外で一緒にアイスを食べた近所のお姉さん、がこの弓乃さんだ。

「うわぁ。ほんとに泉ちゃんだ。育ってる！　わたしは衰えちゃったのに」

「あのころは女子大生でしたよね？」

「そう。キャピキャピしてた」

「いや、キャピキャピって」

「してたでしょ？」

「して、ましたね」

「どうしたの？　泉ちゃん、何でここにいるの？」

「おばあちゃんの家を見に来たんですよ。取り壊される前に」

「あ、そうか。壊されちゃうんだね」

「はい」

「富さん。お墓はどうするの？」

「もう移しました」

「えーと、船橋に？」

「いえ、叔父のほうに。神奈川です。大和市」

「あぁ。善英さんのほうだ」

「はい」

「で、えーと、そちらは？」

「ダンナです。テルちゃん」

「テルちん？」

「木村輝伸で、テルちん。だからわたしも今は木村です。片岡でも柴原でもなく」

「こんにちは。初めましてとテルちんが言う。

「どうもどうも。泉ちゃんのダンナさんかぁ」

「歳下ですよ」とわたしが言う。「今、二十九」

「へぇ。訊いていいのかな。お仕事は何を？」

「商社に勤めてます」

「商社」と言ったあと、弓乃さんは例として具体的な会社名を挙げる。

それがまさにテルちんの会社。なのでわたしは言う。

「そこです」

「えぇっ？　エリートじゃないですか」

「いえ。そんなのではないですよ」とテルちん。

「家にいるときはダラダラしてるもんね」とわたし。

「ダラダラはしてませんよ」とテルちんはゆるめに反論。

「してるよ。休みの日は朝なかなか起きないし」

「それは泉さんも同じでしょ」

「わたしは初めからそのつもりで夜遅く寝てんの。計画的にダラダラしてんの」

「木村さん、泉ちゃんを泉さんて呼ぶの？　偉い」

「一応、歳下なので」

「わたしがそう呼ばせてるわけじゃないですよ。わたしは泉でいいと言ってます。ね？」

「うん」

「でもテルちんがそう呼ぶんですよ。わたし、鬼嫁だと思われちゃう。せいぜい小鬼ぐらいなのに」

「もしかして、泉ちゃんも同じ会社だとか？」

「まさか！　百回生まれ変わっても無理。商社になんて入れませんよ。わたしは服を売ってます」

「アパレル？」

「はい。バイトから正社員になりました。テルちんとも、店で知り合ったんですよ。テルちんが服を買いに来て」

「おぉ。泉ちゃんが声をかけたの？」

「いや、店員がそんなことしませんよ。わたしがかけた声は、いらっしゃいませ、ごゆっくりご覧ください、だけです」

「意外」

「何でですか」

「泉ちゃん、小学生のころから肉食っぽかったから」

「ぽかったですか？」

「ぽかった」

「あ、でも初デートは焼肉でしたけどね。それはわたしから言いました。その意味では肉食です。お肉、好き」

「お二人、お子さんは？」

「まだです」とわたしが答える。「去年結婚したばかりなので。仕事の都合もあって、もう少し先かも」

先だろう。二年は先になるかもしれない。自ら手を挙げて新店に行ったから。それですぐに、はい、産休、というわけにはいかない。そんな無責任なことはしたくない。

「今はどこに住んでるの？」

「門前仲町です」

「江東区だ」

「はい」

「いいなぁ。都心」

「都心ではないですよ」

「ここにくらべたら都心だよ」

「弓乃さんは今、明石さん、ではないんですよね？」と尋ねてみる。

「うん。ハヤザキ」

早崎、だそうだ。

「えーと、でもここに住んではいるんですか」

「そう。ここに住んで、この店をやってる。ダンナと一緒に。夜勤だったから、今は寝てるけど」

「あぁ。二十四時間営業、ですもんね。いつからですか？　お店」

「三年前から」

「まだそんなに長くはないんですね」

「そうね。始めるときに全面改装した。それまではずっと閉めたままだったの。アカシヤのまま」

「わたしがいたとき、弓乃さんは大学を出て会社で働きだしたんですよね？」

「うん。製粉会社ね」

「そこは、やめたんですか？」

「結婚するときにやめた。最初は東京の支店にいたけど、静岡営業所に異動になって。東京の支店に戻ったあとに、結婚したの」

その相手が早崎敦郎《あつろう》さんだという。今は子どもが一人いる。息子隆志郎《りゅうしろう》くん。親子三人で暮らしてるのだそうだ。ここで。

弓乃さんは流れをざっと説明してくれた。

敦郎さんは自動車部品をつくる会社に勤めてたという。でもそこはやめた。きっかけは、名古屋への異動が決まったこと。敦郎さんが名古屋出身で会社の本社も名古屋だから、決して悪い話ではなかった。が、そのとき敦郎さんは四十五歳。その後また東京へ戻る可能性がある異動ではなかったらしい。

「その話がもうちょっと早く出てれば、たぶん、わたしたちも名古屋に行ってた」と弓乃さんは言った。「でも隆志郎が行きたい高校がこっちにあって。そこね、高校にしては珍しく山岳部があるの」

「山岳部。山登り、とかですか」

「そう。でも偏差値は高い学校なんで、隆志郎は中一からもうそこを目指して勉強してて。それを知ってるから、わたしたちも行かせてあげたいと思ってて。もちろん、名古屋にだって山岳部を持つ高校はあるだろうけどね」

「で、どうなったんですか？」

「受けて、おかげさまで合格。今は電車で通ってる。四十分ぐらいかけて」

「へぇ」

「そこ、昔のカレシが行ってた高校だから、個人的にはちょっと複雑なんだけどね」

「そうなんですか？」

「そう」と弓乃さんは笑う。「って、泉ちゃんが相手だと、何か、話しちゃうわ」

「わたしのせい？」

「だって、泉ちゃん、小学三年生のときにもう、わたしに好きな子がいたか訊いてきたからね」

「そうでした？」

「うん。弓乃ちゃんが小学生のときに好きな子いた？　って」

「いたんですか？」

「いた。それが後にカレシになったその人。でもわたしは、いたかなぁ、みたいなことを言ってごまかして、泉ちゃんに同じことを訊いたの。そしたら泉ちゃん、二人いるって」

「二人？」

「そう。どっちも好きなんだって」

「そんなこと言いました？」

「言った。でもその二人は自分のことが嫌いなんだとも言ってた。泉ちゃんに好きって言われて照れてたから、その男の子たちもそんなこと言ったんだろうけど」

「わたし、好きって言ってたんですか」

「言ってたみたいよ」

「さすが肉食泉さん」とテルちんが変なところで感心する。

「でもどっちもにフラれたってことは、二股をかけてたとかではないってことですよね？」

「うん。そういうことではないと思う」

「よかった」とわたし。

「ぼくもよかった」とテルちん。

「二股は絶対にかけない。それだけがわたしの取柄なので」

「何それ」と弓乃さんが笑う。「でも大事」

「ですよね」

「そんなの当たり前のことだけど、守れない人はたくさんいるから」

「同感。守ってよ、テルちん」

「ぼくは守ってるよ」

「この先もずっと守るんだよ」

「この先もずっと守るよ」

「何か簡単に言いすぎ。って、まあ、今それはいいわ。で、弓乃さんは、その隆志郎くんの進学をきっかけにこの店を始めたわけですか」

「そう。それまではそんなこと少しも考えてなかったんだけど、思いついたらすぐに腹は決まった。ダンナにも、じゃあ、会社をやめて一緒にやろうって、すぐに言ってた」

「すごい」

「初めはきつかったけどね。この一年でどうにか軌道に乗ってくれた感じかな。ダンナと二人、コンビニオーナーとして複数店経営を目指してるよ」

「店を二つ持つってことですか?」

「うん。二つと言わず、三つ四つといきたい。実際、そういう人もいるし」

「ダンナさんの家はだいじょうぶなんですか? 名古屋のほう」

「そっちは心配ない。ダンナは次男で、親は長男夫婦と暮らしてるから」

「あぁ。そうなんですね」

「いろいろ条件がそろって、今こうできてる。ウチがもとから店を持ってたのが、やっぱり一番大きいかな。初期費用が少なくてすんだから」

「なるほど。でも、弓乃さんは、結構早くに会社をやめてたんですね」

「そうね。結婚したときというよりは、隆志郎ができたときにやめたのか。すぐできたのよ、結婚して」

「育休をとって復帰したりはしなかったんですね」

「うん。考えたけど、結局はやめるほうを選んだ。実を言うとね、泉ちゃんのこともちょっと頭にあったかな」

「わたし？」

「そう。ほら、あのころはおばあちゃんと二人で暮らしてたじゃない」

「はい」

「富さんからね、話は聞いてたの。津弥子さんとダンナさんの話」

「あ、そうですか」

「うまくいかなくなっちゃったんでしょ？　それで富さんが泉ちゃんを預かった。お二人のため、もそうだけど、富さんにしてみれば、泉ちゃん自身のためっていうのが一番大きかったみたいね」

「おばあちゃんがそう言ってたんですか？」

「うん。親の不仲を見て育つのは子どもによくないはずだからって」

そうなのか。お父さんとお母さんを離婚させないようにするため。それが最優先。そう思ってた。

「弓乃ちゃんは結婚したらそんなふうになっちゃダメよって言われた。ほんとは子どもを手放すのもダメって。それがね、結構頭に残ってたの。で、隆志郎が小さいうちはずっと一緒にいたいなと思った」弓乃さんはこう続ける。「ごめんね、何か踏みこんだこと言っちゃって」

「いえ。あの時期はあれでよかったです。わたし、おばあちゃんと二人で楽しくやってましたし」

「うん。そうも見えた。いいおばあちゃんといいお孫さんだった」

「いいおばあちゃん、のほうは同意しますけど、いいお孫さん、は微妙ですよ」

「いやぁ。いいお孫さんでしょ。ウチのお父さんもお母さんも泉ちゃんのことは大好きだったし。泉ちゃんが船橋に戻ったときは、ちょっと残念がってもいたよ。もちろん、泉ちゃんのためにはそのほうがいいんだけど。で、そうそう、この店を始めたのにも、泉ちゃんが関わってるの」

「え？」

「いや、関わってるわけではないか。たぶん、覚えてないと思うけど。泉ちゃん、お店がなくなる前に、わたしに言ったのよ。アカシヤがないと不便って。その言葉も、やっぱり頭に残ってたの。実際、スーパーまで遠くて不便だし。だからまたここで店をやろうと思った。あのころだってね、やりようはあったはずなのよ。ただ、ほら、ウチは個人経営だったから、いろいろ追いつかなかったというか、調《ととの》えられなかったの。要するに、体力がなかったのね。でも隆志郎の受験のことがあって、ちょうどダンナの異動の話も出て、考えたの。大手の力を借りてちゃんとした店をやればお客さんは来てくれるんじゃないかって。アカシヤでもそこそこはやれてたわけだし。店舗は残ってるわけだし」

「そういうことだったんですね」

「うん。それで思いきって、夫婦二人でスタート。お父さんとお母さんも店が忙しいときは手伝ってくれてる。今は法事で出てるけど。二人とも、泉ちゃんに会いたかったはず」

「わたしも、おじさんとおばさんに会いたかったです」

「来られるようならまた来て。今度はゆっくりと」

「来ます。すごくうれしいですよ。おばあちゃんの家はなくなっちゃうけど、これでまたここに来る理由ができました」

「ごめんね。長々と話しちゃって」

「こちらこそ、お仕事の邪魔しちゃってすいません」

「いえいえ。この時間は暇なのよ。都心のコンビニとちがって、常に誰かしらお客さんがいるってことはないし」

「せっかくだから、何か買っていきますよ」

「いいわよ、無理しなくて。あきる野市のコンビニで買ったものを持って江東区に帰ることもないじゃない」

「あ、じゃあ、ぼくがのど飴を買いますよ」とテルちん。

「いや、のど飴って」とわたしは言ったのだが。

テルちんはレジのすぐ前の棚を見て、言う。

「お、あったあった」

そして手に取ったのは、龍角散の のどすっきり飴 スティック。十粒入りのそれを、何と、十個。あったもの全部。

レジカウンターの内側に戻った弓乃さんが、その十個を見て言う。

「え？　いいんですか？　だいじょうぶですか？」

「だいじょうぶです」とテルちんはこともなげに言う。「賞味期限は一年半近くありますから。これぐらいなら二週間もあればなめきっちゃいますし。で、どうせまた買いますし。逆に、だいじょうぶですか？　そこ、ぽっかり空いちゃいますけど」

「まあ、それは」

「じゃあ、これでお願いします」

と、こういうところがテルちんだ。親切が極端。でもそれは極端でありながらやわらかな親切だから、相手も負担には感じない。妻が言うことでもないが。好きになってしまう。

会計をすませると、弓乃さんにあいさつをして、テルちんと二人、店を出る。店。そんな名前ではないが、わたしのなかでは、新アカシヤ、だ。

それから再度おばあちゃんの家の前を通る。写真は何枚も撮ったから、見るだけ。足を止めたのは十秒ぐらい。

「帰ろうか」とわたしが言い、

「もういいの？」とテルちんが言う。

「うん。また来るし」

「そうか。そのときはまたのど飴を買うよ」

「弓乃さん、期待して五十個ぐらい入れてたりして」

「もしそうなら五十個買うよ。せいぜい五千円ぐらいだし」

今度はＪＲ東秋留駅に向かって歩く。

ここに住んでたとき、もうずっとおばあちゃんと二人でいいかなとわたしは思ってた。それでも、お父さんとお母さんがそろって迎えに来てくれたときはうれしかった。おばあちゃんも、うれしそうな顔で、泉がいなくなるのはさびしいよ、と言ってくれた。

三人での帰り道、わたしが行きたいと言って後楽園ゆうえんちに寄り、ジェットコースターに乗った。無理やりワーキャー言って、楽しいふりをした。お父さんとお母さんにも楽しいふりをさせた。楽しめなくても、楽しもうとはしましょう。そうやって暮らしていきましょう。そんな気持ちだった。

船橋に戻ってからも、すべて順調というわけにはいかなかった。焼肉屋さんでおいしい焼肉を食べたくらいで万事解決とはならなかった。

お父さんとお母さんはたまにケンカをした。結構大きなのもした。普通の夫婦といえばそうなのだが。過去があるだけに、わたしはひやひやした。

中学のときは、ちょっと荒れそうになったこともある。二年生のころだ。創作文クラブにいた次の年。でもおばあちゃんのことを考えて、抑えた。そこはお父さんとお母さんじゃなく、おばあちゃんだった。わたしが荒れたらおばあちゃんは悲しいだろうな、と思ったのだ。

おばあちゃん。いてくれてよかった。富おばあちゃんがわたしのおばあちゃんで、本当によかった。

この日の夜。帰った門前仲町のマンションでそんな話をしたら。テルちゃんが、ぼくもおばあちゃんに会いたかったなぁ、と言って、少し泣いた。

テルちゃん。情、深すぎ。

二〇一八年　木村泉　三十二歳

「いきなり呼び出して申し訳ない」と杉野大成さんが言う。「電話で話すべきことではないと思ったから、こうさせてもらいました」

「そうですか」とわたし。

「でも片岡さんが、じゃなくて今は木村さんか。木村さんが、僕の電話番号を残しておいてくれてよかったよ。そうでなかったら、つながらなかった可能性もあるもんね。知らない番号からかかってきたら、出ないでしょ?」

「そう、ですね」

「木村さんが錦糸町の店に移ったことは僕も知らなかったから、直接訪ねようもなかったし」

「はい」

　ＪＲ東京駅の前。八重洲通り沿いにあるカフェに二人でいる。まさに杉野さんから電話があり、そこで会うことになったのだ。今は門前仲町に住んでますよ、と言ったわたしに、じゃあ、東京駅辺りにしようか、と杉野さんが言って。

　深煎りブレンドなるコーヒーを飲んで、わたしが言う。

「で、どういうお話ですか？」

「前回と同じ」

「前回」

「うん。今いる会社でね、バイタリティ溢れる人を一人引っぱってこられないかと上から言われてて。片岡さんが思い浮かんだ。そのときはまだ木村さんだと知らなかったから、片岡さんね」

「バイタリティって、何でしたっけ」

「活力とか生命力とか、そういうことか」

「わたし、溢れてます？」

「溢れてる。どうだろう。来てくれないかな」

杉野さんは、アルバイトだったわたしを正社員にしてくれた人だ。津田沼の店の店長。わたしが千葉の店に移ったあとに会社をやめ、よその大手衣料品製造販売会社に入った。早い話が、引き抜かれたのだ。今はそこでまた店長をしてる。大規模店の店長だ。大規模も大規模。その店だけで一つの建物になってる。

杉野さん、前は本八幡に住んでたが、今は本郷三丁目に住んでるという。本郷三丁目。バス停の名前みたいだが、東京メトロ丸ノ内線の駅名だ。

「大手もそんなことするんですね。黙ってても、優秀な人はたくさん来そうなのに」

「大手だからこそするんだね。優秀な人をたくさん集めなきゃいけないから。そうしないと、会社の成長は止まっちゃう」

「あぁ」そしてわたしは言う。「でもそうか。そういうお話でしたか」

「うん」

「わたし、また杉野さんにコクられるのかと思っちゃいました」

「いや、またって。片岡さんが木村さんになった今コクったら不倫でしょ」と杉野さんが笑う。

「その前にまず、僕は一度もコクってないし。正社員にならない？　と誘って、断られただけだよ。まあ、二回めは受けてくれたけど。だからさ、言葉は悪いけど、二匹めのドジョウを狙おうかと思って」

「同じドジョウですよね。二回めのドジョウですよ」

「うん。そのドジョウに、なってほしい。こんなことを言うのはヤラしいけど、今よりはいいお給料を出せると思うよ。待遇もいいはず。もちろん、じっくり考えてもらっていいんだけど。ダンナさんにも相談してもらって、二週間ぐらいで返事をもらえるとありがたい」

わたしはコーヒーを飲む。深煎り。香ばしい香りと苦味のある濃厚な味わい、とメニューに書いてあった。そう書かれてたから、香ばしくて濃厚だな、と思う。

言う。

「すいません。行きません」

「え？」

「わたし、今の会社も今のお店も好きですし」

「まあ、それはそうだろうけど。悪い話ではないと思うから、もう少し考えたほうが」

「充分考えましたよ」

「五秒ぐらい、だよね」

「いえ、ほんとはその前から考えてました。杉野さんが会おうと言ってくるならそういうことだろうとは、正直、思ってましたし」

「そうなの?」

「そうですよ。だって、杉野さんがわたしと不倫しようとするはずないし。もちろん、わたしもしませんし。だから、そういうことだろうと思って、ずっと考えてました。で、これが結論です」

「あぁ。そうなのか」

「わたしも一応、今の人なんで、杉野さんが提案してくれたそっちを望むべきだっていうのはわかるんですよ。一般的には、仕事と家事育児を両立させてやっていくみたいなのが前向きなことなんですよね? 周りに評価されるのは、たぶん、そっちですよね?」

「そう、かもね」

「でもわたし、自分で思ってる以上にテルちんが好きなんですよ」

「テルちん?」

「ダンナです。もし子どもができたら、その子のことはテルちんとまったく同じだけ好きになると思います。で、その子はテルちんみたいに大人じゃなくて子どもだから、生まれたらずっと一緒にいるつもりです。少なくとも十年、小学四年生までは一緒にいるかな」

「十年」

「はい。その時期に一人でいるのがさびしいことを、わたしは知ってるんで。といっても、いいおばあちゃんがそばにいてくれればそうでもないんですけど」

「おばあちゃん」

「はい。わたしにはいてくれた、いいおばあちゃん」

「いてくれたんだ?」

「いてくれました。でもおばあちゃんはやっぱりお母さんとはちがうんですよ。おばあちゃんはおばあちゃんで、お母さんはお母さん。で、お母さんとしてのわたしは、子どものそばにいます。結局、わたし自身が一緒にいたいんで。だから杉野さんのとこに移るのは無理です。そもそもわたし、子どもができたら、産む少し前に会社をやめるつもりでいますし。そんなわけなので、すいません」

杉野さんはコーヒーを飲む。そちらは浅煎り。さわやかな酸味と香りのすっきりした味わい、と書いてあった。そうなのだろう。

「前と同じか」と杉野さんが言い、

「はい?」とわたしが言う。

「前に誘ったときもさ、片岡さん、じゃなくて木村さんは、あっさり断ったんだよね。二回めじゃなくて、一回め。服を売るのは好きだけど、まだアルバイトのままこの仕事を続けたいって」

「言いましたね、そんなこと」

「ブレないね、木村さんは」

「ブレてるじゃないですか。そのあと、結局、正社員になってるんだから」

「それは、そのダンナさんが海外に行くことになったからでしょ?」

「まあ、そうですけど」

「今回も、ダメだったか。会ってくれると言ったから、実はちょっと期待したんだけどね。どんな話か推測ぐらいはしてるだろうと、僕も思ったし」

「話はちゃんと聞こうと思ったんですよ。電話だけで勝手に推測して勝手に断るなんて失礼だし。わたしも、ちょっとは大人になったんで」

「十年かぁ」

「はい。でもまだ子どもはできてないから、もっとですね」

「待ちたいよ」

「はい?」

「子どもを産んだ十年後に木村さんが来てくれるなら、僕は迎え入れたい」

「そのころはどうなってるかわからないですよね」

「うん。自分で言っておいてこう言うのも何だけど。そうなんだよね。僕自身、迎え入れる、なんて偉そうなことを言える立場にいられるとは限らないし。というか、いられないと見るべきか。状況なんてあっという間に変わるから」そして杉野さんは言う。「あ、ケーキとか、ほんとに食べなくていい?」

「はい。お話は受けないのにケーキを食べるわけにはいかないんで」

「それはいいよ、別に」

「でもだいじょうぶです。結婚して太る嫁、になりたくないし」

「太ってないじゃない」

「隠してるんですよ。徐々に来てます。もう三十二だし」

杉野さんはコーヒーをさらに一口飲んで、言う。

「僕も、一緒になろうかな」

「え？」

「カノジョと」

「杉野さん。カノジョいるんですか？」

「いるよ」

「今いくつでしたっけ」

「四十一」

「あ、もうそんなだ。って、そりゃそうか。わたしが三十二なんだし。でももしかして、カノジョさんは二十代とかだったりして」

「だったりしないよ。同い歳。四十一。大学生のときから付き合ってる」

「ほんとですか？　じゃあ、津田沼で一緒に働いてたときも付き合ってたんですね」

「そう」

「二十年とかってことですか？」

「そうなるね」

「それはもう、夫婦じゃないですか」

「夫婦ではないよ。距離を置いた時期もあるし」

「夫婦だって距離は置きますよ」

わたしの両親も置いた。そう。二年も置いたのだ。で、それがあったから、もとに戻れた。戻れない人たちもいるだろう。でもわたしのお父さんとお母さんは、戻れた。わたしとテルちんの披露宴の新婦親族席に二人そろって座れた。

「そんなふうになる可能性があるんだとしても、結婚は、したいな。今の木村さんの話を聞いて、これまで以上に強く思ったよ。子どもをつくるつくらないは関係なく。カノジョと一緒にいたい」

「っていうそれは」

「ん？」

「わたしなんかじゃなく、カノジョさんに言ってあげることですよ」

二〇一九年　木村泉　三十三歳

あぁ、きつい。

何がきついって、陣痛。

ムチャクチャきつい。そう聞いてはいたけど。こんなになの？　もう二十代じゃなく、三十三歳だからこうなの？　それともただの個人差？　こんなんで、わたし、死んじゃわない？

「はい、木村さん。あと少し。あと少しだからがんばって」と助産師さんが言ってくれる。

まあ、そうなんでしょう。でもね。あと少しって、どのくらいよ。いつまでよ。これ、もうかなり長く続いてますよ。いつ始まったか、思いだせませんよ。

もう何も考えられない。と思いながらも、ぼやけた頭で考える。

女の子ですね。

お医者さんにそう言われたときはうれしかった。男の子でもうれしかったはずだが、女の子でもうれしかった。娘だから家族ではあるんだけど、仲間ができたようにも感じた。

分娩室にはわたし一人で入った。わたし自身がそうすると言った。苦しむ姿をテルちゃんに見せたくなかった。優しいテルちゃんはとても耐えられないと思ったのだ。

わたしが分娩室に入る前、すでに泣きそうな顔でテルちんは言った。

「名前、イズミコって、どう？」

「イズミコ？」

「うん。泉さんの泉に子どもの子で、泉子。だって、泉さんの子だから」

「わたしとテルちんの子だよ」

「そうだけど。女の子だし。今度もし男の子ができたら、そのときはぼくの輝か伸をつかわせてよ」

「テルちんはそれでいいの？」

「いいよ。というか、そうしたい」

そんな大事なことを今言わないでよ。と思ったが。

テルちん。やっぱいいやつだ。何なのだ。

今度。男の子。もし本当にそうなったら。杉野さんには、最短でもあと十一年は待ってもらわなきゃいけない。

あぁ、きつい。ほんと、きつい。

でも。

生命力がではなく、生命そのものが自分の体から溢れてくるのを感じる。

さあ、会うよ。泉子。

本書は書き下ろし作品です。
また物語に登場する人物・団体などは
すべてフィクションです。

小野寺史宜（おのでら・ふみのり）

千葉県生まれ。2006年『裏へ走り蹴り込め』でオール讀物新人賞を受賞。2008年、『ROCKER』でポプラ社小説大賞優秀賞を受賞。著書に『みつばの郵便屋さん』シリーズ（全8巻）、『東京放浪』、『太郎とさくら』、『ライフ』、『天使と悪魔のシネマ』（以上、ポプラ社）、『とにもかくにもごはん』（講談社）、『タクジョ！』（実業之日本社）、『片見里荒川コネクション』（幻冬舎）、『食っちゃ寝て書いて』（KADOKAWA）、『今夜』（新潮社）、『君に光射す』（双葉社）、『ひと』（2019年本屋大賞2位）、『まち』、『いえ』（祥伝社）などがある。

みつばの泉ちゃん

2023年5月15日 第1刷発行

著者 小野寺史宜
発行者 千葉均
編集 野村浩介
発行所 株式会社ポプラ社
〒102-8519
東京都千代田区麹町4-2-6
一般書ホームページ www.webasta.jp
印刷・製本 中央精版印刷株式会社

N.D.C. 913 278p 19cm ISBN978-4-591-17787-7

P8008423